# 金陵成语溯源之旅

邢定康 季宁 编著

——南京旅游文化故事丛书

东南大学出版社
SOUTHEAST UNIVERSITY PRESS

·南京·

**图书在版编目（CIP）数据**

金陵成语溯源之旅 / 邢定康，季宁编著．－－南京：东南大学出版社，2018.11
（南京旅游文化故事丛书）
ISBN 978-7-5641-8038-6

Ⅰ．①金… Ⅱ．①邢… ②季… Ⅲ．①汉语－成语－通俗读物 Ⅳ．① H136.31-49

中国版本图书馆 CIP 数据核字（2018）第 234933 号

---

**金陵成语溯源之旅**

| | |
|---|---|
| 出版发行 | 东南大学出版社 |
| 社　　址 | 南京市四牌楼 2 号　邮编　210096 |
| 出 版 人 | 江建中 |
| 网　　址 | http://www.seupress.com |
| 经　　销 | 全国各地新华书店 |
| 印　　刷 | 徐州绪权印刷有限公司 |
| 版　　次 | 2018 年 11 月第 1 版 |
| 印　　次 | 2018 年 11 月第 1 次印刷 |
| 开　　本 | 889mm×1194mm　1/48 |
| 印　　张 | 4.375 |
| 字　　数 | 252 千字 |
| 书　　号 | ISBN 978-7-5641-8038-6 |
| 定　　价 | 28.00 元 |

本社图书若有印装质量问题，请直接与营销部联系。电话（传真）：025-83791830

## 代序 DAIXU 南京呀南京 往事知多少……

南京,乃六朝古都、十朝都会,是山水绿叶之城,而今又以"博爱之都"名扬天下。

博大精深的南京文化,是与它的深远历史相伴形成的,给我们这座城市留下了丰盛的遗产,包括遗迹、文物、诗歌、成语、神话故事等,亦成为人类社会的共同财富。

南京居民衍生的历史,可追溯至五十多万年前穴居汤山岩洞的南京直立人。递至五六千年前,早有阴阳营、湖熟、薛城之先民,居于滨水之台地,除从事渔猎外,亦开始了农耕。在这一漫漫长河中,南京故事总会与古籍《淮南子》中的神话传说相系,充满了浪漫色彩。

春秋战国时期,范蠡筑越城,楚威王设金陵邑,开启了南京建立城邑之始。自此,金陵成为南京的代言。"埋金""王气"之说亦源于此。

金陵，钟山龙蟠，石城虎踞，此乃帝王之宅也。

公元229年9月，东吴大帝孙权将都城从武昌迁至南京。这是南京首次成为首都。此后，东晋和南朝的宋、齐、梁、陈分别在南京建都。六朝古都南京由此而来。

六朝，是南京历史上的黄金时代。这一时代，大批贵族、文士、能工巧匠避难南渡，聚会南京，演绎了"东山再起""闻鸡起舞""手不释卷""才高八斗""入木三分""画龙点睛""六朝金粉"等等连台大戏。正如南朝谢朓《入朝曲》所颂："江南佳丽地，金陵帝王州。"六朝的南京，成为中国第一大城市，亦是中国灿烂的文化中心。

六朝以后，隋、唐、宋、元更替，南京的城市地位急剧下滑，其间也有过南唐时期的昙花一现，但毕竟"六代豪华"不复。尽管如此，南京的文化遗产足以傲视群城，引众多文人雅士前来游弋怀古。"六代精灵人不见，思量应在月明中""旧时王谢堂前燕，飞入寻常百姓家""南朝四百八十寺，多少楼台烟雨中""无情最是台城柳，依旧烟笼十里堤""春花秋月何时了,往事知多少"……

公元 1368 年,朱元璋在南京称帝,建立了大明王朝。自此,有了"南京"的称谓,这也开启了全国统一王朝在南京建都的先河。据史载,朱元璋是在 1356 年率领红巾军占领南京城的,采纳了儒生朱升的"高筑墙、广积粮、缓称王"的建议,待到条件成熟后方登上皇帝宝座。明朝南京,不仅筑起迄今为止保存最为完好、世界上最大的城垣,还建设了中国地标大报恩寺琉璃塔,又有郑和七下西洋之壮举。世界上最早最大的百科全书《永乐大典》(计两万多卷),也是在那一时期编撰的。明朝为南京书写了气吞山河的历史。

公元 1912 年元旦,孙中山在南京就职临时大总统,带领全中国人民走向共和,奏响了中国现代史的序曲。此前的清王朝,南京虽然政治地位又失,但经济、文化力量难撼。《红楼梦》《儒林外史》《桃花扇》等名著就是那一时期的产物。即使到了奄奄一息的清末,南京仍举办了具有国际博览会性质的南洋劝业会。

南京呀南京，往事知多少……

时至今日，老百姓日子过好了，对生活有了新的追求，讲究起质量和幸福感来，其中的一个指标是，大众旅游由新常态转为常态。不仅如此，人们以往成群结队出游就很满足了，而现在不光是"走马观花"，还要"下马赏花"，以了解当地的风土人情、体验当地的历史文化。我们，作为热爱南京的旅游人，多么希望游客在做旅行攻略时，能更多的读到"南京往事"；多么希望游客来这里游览时，口袋里能揣上"南京故事"。这就是我们编写一套《南京旅游文化故事》（口袋书）丛书的初衷和目的。

这套丛书是由南京市旅游委员会和旅游业学会共同出品的。我们以为，目前有关南京的史料书籍虽为数不少，但与旅游切合的，特别是便于随身携带的并不多见。我们又以为，要用通俗的、有趣的表达方式来讲述南京的历史，而且要落实到景区景点，让游客在身临其境中品味文化。这样的书籍是读者或游客所需求的，虽编写起来比较难，但我们乐于去尝试。

这套丛书初定为4册,即《南京神话传说之旅》《金陵成语溯源之旅》《南京名人雕塑之旅》《金陵诗词游屐之旅》。这虽说是口袋书,但我们不想急于求成,而要发扬工匠精神,精工细作,成熟一册出品一册,给读者或游客交出一份份"良心"答卷。谨请大家予以关注,并多提宝贵意见。

《南京旅游文化故事》
丛书编委会
2017.10.31

# 丛书推荐

**莫愁女孩、石头小子** 两位形象导游带你游"南京旅游文化故事"大观园

### 莫愁女孩

我叫莫愁女孩。我的祖先生活在莫愁湖畔,向往"莫愁",又"哪能不愁"。与祖辈比,我甜蜜、阳光、时尚,名副其实的"莫愁",是个快乐小女生。我很乐意导游"南京旅游文化故事"大观园,将"快乐"与大家分享。

### 石头小子

我叫石头小子,与莫愁女孩"两小无猜"。石头是南京城市的代称,古人诸葛亮评南京"钟山龙蟠,石城虎踞";曹雪芹所著《红楼梦》又叫《石头记》。石头,有情,有义,是纯爷们。让我们一同走进"南京旅游文化故事"大观园。

# 目录 CONTENT

代序
丛书推荐

## 壹 / 东吴篇

**小引：东吴建业** / 002

虎踞龙盘 / 003
小姑独处 / 005
手不释卷 / 009
大发雷霆 / 011
蓝田生玉 / 013
穷兵黩武 / 017
龙驹凤雏 / 019
断蛟刺虎 / 021

## 贰 / 东晋篇

**小引：东晋建康** / 026

日近长安远 / 027
江左夷吾 / 030
琳琅满目 / 033
新亭对泣 / 036
楚囚相对 / 036
空洞无物 / 039
周嵩狼抗 / 039

击缺唾壶 / 042

城狐社鼠 / 045

草间求活 / 048

谋图不轨 / 051

声泪俱下 / 051

伯仁由我而死 / 054

伯道无儿 / 058

囊中羞涩 / 062

金貂换酒 / 062

标新立异 / 066

东床坦腹 / 069

入木三分 / 071

管中窥豹 / 074

拂衣而去 / 074

东山再起 / 077

矫情镇物 / 077

入幕之宾 / 081

行不由西州路 / 084

一往情深 / 087

不可理喻 / 089

大笔如椽 / 091

后起之秀 / 094

盲人瞎马 / 096

咄咄逼人 / 096

渐入佳境 / 099

握拳透爪 / 102

## 叁 / 南朝篇

**小引：南朝建康 / 106**

龙行虎步 / 107

目光如炬 / 110

自毁长城 / 110

才高八斗 / 112

厚颜无耻 / 114

步步莲花 / 116

寄人篱下 / 118

量体裁衣 / 118

日出三竿 / 120

飘茵堕溷 / 123

澄江如练 / 127

迷途知返 / 130

古肥今瘦 / 132

金瓯无缺 / 134

衣锦还乡 / 136

光怪陆离 / 138

天花乱坠 / 140

画龙点睛 / 142

变本加厉 / 145

白璧微瑕 / 147

千载难逢 / 151

江郎才尽 / 153
天上麒麟 / 156
破镜重圆 / 159
六朝金粉 / 161

## 肆 / 唐宋及五代篇
**小引：南唐江宁** / 164
三山二水 / 165
干卿何事 / 168
吹皱一池春水 / 168
解铃还须系铃人 / 171
成家立业 / 173

## 伍 / 明清篇
**小引：大明南京** / 178
画角吹难 / 179
用非所学 / 182
绕城暖足 / 185
蛛网尘封 / 188

## 后记 / 191

# 东吴篇

钟山龙蟠 石头虎踞
此乃帝王之宅也

# 小引：东吴建业

石头小子：公元229年9月，东吴大帝孙权将都城从武昌迁到了南京，这是南京建都之始。

莫愁女孩：那时候，这里还不叫南京。孙皇帝给它取了个好名字，叫建业，意思是建立帝王大业。

石头小子：1700多年过去了，东吴的历史遗存已寥寥无几，最有代表性的是梅花山的孙权墓。

莫愁女孩：虽说东吴的文物遗存不多，但文字资料丰富，有史书《三国志》为证。三国的故事多，三国之吴国"出生"的成语也不少。让我们一同走进东吴的成语故事。

金陵成语溯源之旅

# 虎踞龙蟠

刘备曾使诸葛亮至京,因观秣陵山阜,曰:"钟山龙蟠,石头虎踞,此乃帝王之宅也。"
——唐·许嵩《建康实录》卷二《吴·太祖下》注引晋张勃《吴录》

"虎踞龙蟠"亦作"虎踞龙盘",也有说成"龙盘虎踞"的。汉·刘胜《文木赋》:"或如龙盘虎踞,复似鸾集凤翔。"自诸葛亮有此评说后,"虎踞龙盘"特指南京,通常也形容地势雄壮险要。

南京,战国期间楚威王在此置金陵邑。秦改金陵邑为秣陵县。西汉末期,刘备为联合孙权共同抗击曹军,派诸葛亮出使东吴。诸葛亮在赴京口(今镇江)途中经过秣陵,发表了"虎踞龙盘"的感慨。后来,刘备下江东缔结孙刘联盟,留宿秣陵,看到这里山环水绕,形势险要,建议孙权在秣陵建都。公元211年,三国分立大局已定,孙权将政治中心迁于秣陵,次年改秣陵为建业。之后,孙权势力扩张到荆州,将政治中心迁于鄂,改名武昌。229年夏,孙权在武昌称帝,同年9月迁都建业。可见,"虎踞龙盘"对孙权的吸引力。

诸葛亮所去的钟山,位于城东郊,又名紫金山,山势浑厚,为宁镇山脉最高峰。现在,钟山风景区成为南京最负盛名的风景名胜地,包括中山陵、明孝陵、灵谷公园、玄武湖公园等都集中于此,可谓山水相依,城林辉映,塔阁棋布,园囿纷呈。孙权墓也在钟山脚下,再次佐证东吴大帝对建业的偏爱。

　　诸葛亮所云的石头,总的来说在城西,具体位置说法不一。一说是指四望山,在现在的定淮门一带,《石城山志》称:"金陵有四望山,坡陀而南,皆赤石,结成冈阜,崇隆为大江屏障,故得石头之名。"一说指清凉山,也包括鬼脸城。实际上清凉山和鬼脸城本来就是一座山体。现已辟为石头城公园的鬼脸城,原是清凉山西部的石壁,为红色砂砾岩,经江水冲刷剥蚀,表面坑洼不平,酷似"鬼脸"。后因修虎踞路挖断山梁,使清凉山与鬼脸城脱离。如今的清凉山,包括附近的乌龙潭,遗存有诸葛亮的驻马坡、饮马池遗址。那一带也还保留着"龙蟠里""虎踞关"等地名。

诸葛亮的驻马坡

# 小姑独处

"开门白水,侧近桥梁;小姑所居,独处无郎。"

——南朝无名氏《神弦歌·青溪小姑曲》

成语"小姑独处",源于南朝乐府这首《青溪小姑曲》,意思是小姑还是单身,没有情郎相伴,现泛指待字闺中,尚未出嫁的少女。

乐府诗中的青溪小姑确有其人,是汉末秣陵尉蒋子文的三妹。2015年,南京市公布了首批79位城市历史文化名人,蒋子文及其三妹,均在其列。

蒋子文及其三妹,何以会入选南京历史文化名人呢?

蒋子文,名歆,广陵(今扬州)人。据东晋干宝《搜神记》记载,蒋子文因抓捕贼人受伤,且伤势严重,在钟山脚下亡,葬于钟山。孙权

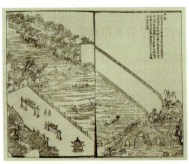

青溪(清版画)

白马公园里的白马雕塑

定都建业后,追封其为中都侯。按说死了一个地方的小吏,算不得什么大事,为何蒋子文深得东吴大帝的如此抬举呢?原来,蒋子文不同于凡人,民间盛传其死后多次显灵,解救民众于水深火热之中,有人甚至看见蒋子文骑匹白马,手执羽扇,在侍从相随下现身于钟山。后来还有进一步传说,蒋子文被遣往阴间,成为掌管人间生死簿的首殿阎王——秦广王。孙权为巩固政权,赢得民意,故封其为侯,并立蒋王庙祭祀,钟山一度改称"蒋山",据说也由此而来。令人痛惜的是,蒋子文的三妹因与哥哥感情笃厚,在哥哥死后便投了青溪,追随而去,后人在蒋王庙后殿立有三妹塑像陪祀,尊其为青溪小姑。

六朝时期的蒋王庙,是重要的祭祀中心。据著名历史学家朱偰《金陵古迹图考》载,蒋王庙"始兴于吴,崇于晋,大于南齐,而衰于明",它在民国时期被改为私塾校舍,20世纪60年代遭毁坏。蒋王庙虽已不存,但作为地名仍沿用至今。此外,太平门外的白马公园,得名也与蒋子文钟山显灵传说有关。

那么,蒋子文的三妹为什么会被称作青溪小姑呢?原来三妹不光是葬身青溪,生前也一直在青溪"侧近桥梁"处居住。唐李商隐《无题·重帏深下莫愁堂》诗云:"神女生涯原是梦,小姑居处本无郎",便是借巫山神女梦遇楚王与青溪小姑独居两事,来抒发李商隐的幽怨情感的。三妹心灵手巧,是一名高级织女,而且为人也十分和善。后人在青溪侧畔建青溪小姑祠,尊三妹为云机娘、云锦女神。现在有文史专家还认为,《红楼梦》中的"水仙庵"原型,就是青溪小姑祠。

青溪,是东吴孙权所凿的"东渠",其发端于钟山,汇于前湖(今燕雀湖),流经主城入秦淮河。因古人信奉"四象",以青龙代称东方,故"东渠"又名"青溪"。孙权掘此渠,目的是将其与西之长江、北之后湖(今玄武湖)、南之秦

蒋王庙旧影

青溪九曲图（明·文伯仁《金陵十八景》图册）

淮河相沟通和呼应，共同拱卫皇宫（太初宫）。六朝时期，青溪侧畔是贵族们居住和游乐的优选之地，后经历代城毁城建，青溪河道逐渐淤塞。清王士禛《秦淮杂诗》诗云："而今明月空如水，不见青溪长板桥。"感叹的是六朝的青溪美景再也难觅了。时至今日，古青溪仅遗珠江路太平桥东侧部分河道以及自内桥往东，经四象桥、淮青桥入内秦淮河的下游一段。这里提到的四象桥，位于太平南路南段，古称青溪中桥。在这座古桥上，有过一个美丽的传说，在南朝梁吴均的《续齐谐记》中有记载：在一个秋月桂香的夜晚，英俊潇洒的男子赵文韶（南朝宋的"东宫扶侍"）在四象桥办公驻地时，恰逢青溪小姑在桥上显灵。他俩在四象桥的月下艳遇，一时传为佳话，寄托了人们对美好爱情的愿望。

"小姑独处"，简简单单四个字，勾画了一位纯洁无瑕、青涩害羞的少女形象。

# 手不释卷

**光武当兵马之务,手不释卷。**

——晋·陈寿《三国志·吴书·吕蒙传》裴松之注引《江表传》

这是孙权对手下大将吕蒙说的一段话,用汉光武帝刘秀在行军作战时也"手不释卷"的好学精神,来勉励吕蒙多读点书。"释",就是放,"卷"指书本。古时书本,不是装订成册,而是粘贴成一个长条,两端有轴,可以卷起来,所以叫"卷"。

吕蒙,家境贫寒,读书少,没什么文化,但作战骁勇,屡立战功。孙权将势力向西扩张,就是由吕蒙点兵三万,长驱直入,夺取荆州的。虽说吕蒙战绩屡屡,但是不好学习,常说"部队事情太忙,没有空闲时间读书"。

一次,孙权找吕蒙谈话。孙权对吕蒙说:"你说事情忙,总不会比我忙吧?我还经常读书呢。"

梅花山

吕蒙问:"我应该读哪些书?"孙权答:"可以先读《孙子》《六韬》等兵法,再读《左传》《国语》等史书。读这些书,对你今后带兵打仗是很有帮助的。"他又说:"时间,要自己去掌握。过去汉光武帝在指挥作战中,还手中拿着书不舍放下,你怎么就会没时间读书呢?"吕蒙听了孙权的肺腑之言,发奋"手不释卷",刻苦读书,果然后来成为一位学识渊博的名将。这一变化,使得孙权的谋士鲁肃也钦佩不已,连称"学识英博,非复吴下阿蒙"。

如今,我们漫步梅花山,边赏花边怀古。有谁还能记得孙权说过的"手不释卷"呢?这四个字对于当今年轻人克服浮躁心理、静下心来读点书是大有裨益的。

梅花山,古称孙陵冈,是东吴大帝孙权之陵,明孝陵神道因之绕山而建,现因广植梅花而名,有"天下第一梅山"之称,每年的南京国际梅花节在此举办。

# 大发雷霆

> 今不忍小忿,而发雷霆之怒,违垂堂之戒,轻万乘之重,此臣之所惑也。
> ——晋·陈寿《三国志·吴书·陆逊传》

这是吴国大将陆逊委婉规劝孙权帝不要发怒的一段话。"霆",响雷,也作霹雷、霹雳、暴雷。大发雷霆,比喻震怒,脾气大作,高声训斥。"雷霆",最早见于《诗经·小雅·采芑》:"如霆如雷"。在《尔雅·释天》中也有"疾雷为霆霓"的描述。

话说孙权曾与割据辽东的公孙渊订有盟约,欲立其为燕王,以保辽东之安定。谁知孙权定都建业后,公孙渊以为"天高皇帝远",杀了孙权派来的使臣,公然撕毁盟约。孙权得知后气急败坏,龙颜大怒,立即要发兵讨伐公孙渊。

这时候,陆逊站出来说话了。他劝道:"你如果对这种事就像霹雳般愤怒,那就违背了坐在屋檐下就担心坠瓦的训诫,也太看轻自己的龙体了,这是我感到困惑不解

孙权(清人绘)

的。"

孙权听了这番话,冷静下来。他听从了陆逊的建议,作出了明智的选择,最终没有派兵远征。

《三国志》的记录,使得"大发雷霆"流传下来。

陆逊(清人绘)

# 蓝田生玉

恪少有才名,发藻岐嶷,辩论应机,莫与为对。权见而奇之,谓瑾曰:"蓝田生玉,真不虚也。"

——《三国志·吴书·诸葛恪传》裴松之注引《江表传》

成语"蓝田生玉",亦作"蓝田出玉",说的是玉,喻的是人,旧时以此表达名门出贤子之意,这缘于东吴时期神童"恪"的故事。

"恪",全名诸葛恪,乃东吴大将军诸葛瑾之子、蜀国丞相诸葛亮亲侄。所谓"发藻岐嶷",是形容他在孩童时就聪慧过人。有两则流传至今的故事可以充分说明他的"少有才名,发藻岐嶷,辩论应机,莫与为对"。

一则为"添字得驴"。话说孙权有一日在朝廷设宴,六岁的诸葛恪随父亲参加。席间,孙权的目光不经意间停留在诸葛瑾那张长脸上,他命人牵来一头毛驴,提笔在驴脸上写下"诸葛子瑜"四个字。诸葛瑾,字子瑜。众人见状,再瞧瞧诸葛瑾那张尴尬至极而憋红了的"驴脸",简直把腹肌都要笑出来了。

诸葛恪见了,疾步上前,跪请孙权恩准自己添加两字,孙权自然允诺,诸葛恪不慌不忙在"诸葛子瑜"四个字后面添加了"之驴"两字,这么一来,驴脸上变成了"诸葛子瑜之驴"。这不仅化解了孙权对父亲的戏弄,也丝毫没有驳损龙颜,满座大臣无不为之赞叹。孙权见诸葛恪如此机智敏捷,且有胆魄,亦十分开心地做了顺手人情,将毛驴赏赐给了他。

再一则为所谓的"溜须拍马"。孙权有一次看到了小诸葛恪,又想出他老子的洋相,便逗趣地问:"如果将你父亲和你叔叔诸葛亮放在一块比较,你会觉得谁更高明?"诸葛恪不假思索地笑答:"当然是我父亲更高明啦!"孙权又问:"何以呢?"诸葛恪依然从容地应答:"这很简单,我父亲懂得侍奉明主,而在蜀国的叔叔却不懂得这个道理。所以,还是我的父亲更高明!"孙权听罢心花怒放,对小诸葛恪更是欢喜了得。

孙权称奇于神童"恪",联想到他是名门诸葛瑾的儿子,不由自主对其父赞美道:"蓝田生玉,果真名不虚传啊!"

蓝田玉,产于陕西省蓝田县(今为西安市所辖),迄今已有4000多年的开发利用历史。战国时期,因此地出产美玉而名蓝田。古代贵族女子喜于"头上蓝田玉,耳后大秦珠"。相传"和氏璧"就是用蓝田玉制成的。唐明皇曾命人采蓝田玉制作磬,作为给杨贵妃的定情物。唐代诗人李商隐诗云:"沧海月明珠有泪,蓝田日暖玉生烟。"由此可见,蓝田玉在古代是相当珍稀的,孙权以"蓝田生玉"为比喻,给了诸葛瑾父子很高的评价。

需说明的是,现在的蓝田玉就比较一般了,在玉石市场卖不到好的价钱。有专家分析:蓝田玉的资源丰富,掘之不尽,而物以稀为贵。此外,市场无节制也是重要因素。人们一味地去开采和销售,生生地将玉石贱卖成了石头,久而久之,导致蓝田玉身价大跌。这样的教训时有发生。

回过头来再看神童诸葛恪的命运如何。他受到东吴大帝孙权的垂青,曾为东宫幕僚的领袖,并在陆逊病故后接任大将军。孙权驾崩后,他作为首席托孤重臣,总领了军政大权。只是到后来,他被自身锋芒外露、刚愎自用的性格缺陷所累,曾领军攻魏新城不克,士兵多伤病,不得不偃旗息鼓,后被皇族孙峻在酒席上杀害,

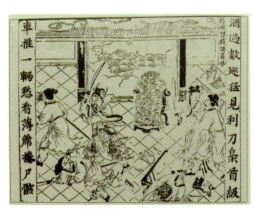

孙峻谋杀诸葛恪(明版画)

葬于石子冈。

古石子冈，是一个地理概念，包括今戚家山、雨花台、邓府山、石子岗一带，最初名"长陵"，又名"成子阁"，西晋时叫"石子坑"，东晋时叫"石子罡"，亦称"梅冈"。在唐代，因南朝梁高僧云光法师曾在这里设坛讲经，遂称讲经处为"雨花台"，又因这一带产五彩石，遂称作"雨花山"；宋时称"松林庄"；元、明时称"聚宝山""戚家山"或"雷家山"；清时统称"雨花台"。现在的雨花台，范围已大大压缩，仅指原来的东岗和中岗，不含其附近的小岗乃至西岗（今称石子岗），至于当年诸葛恪葬在石子冈的何处，肯定是无从考证了。

# 穷兵黩武

"而听诸将徇名,穷兵黩武,动费万计,士卒雕瘁,寇不为衰,见我已大病矣。"

——晋·陈寿《三国志·吴书·陆抗传》

这是东吴镇军大将军陆抗上书末代国君孙皓的一段话。大意是:如果任那些为了出名而滥用武力的将领所为,那就会耗费数以万计的资财,使军队更加疲惫,失去战斗力。这样,敌人没有被削弱,而我们自身反倒像患上大病。"黩",轻率。"穷兵黩武",亦作"黩武穷兵",或"穷兵极武",是滥用武力的意思。

孙皓是一位荒淫、好战、暴虐的国君。他不顾国库虚空,经常与北边的晋国交战,又在太初宫之东大兴土木,营造新的宫殿,叫昭明宫。这使得民不聊生,国不安宁。陆抗,作为一名作风正派、有勇有谋的将领,对孙皓"穷兵黩武"的做法十分不满,多次上书表达自己的意见,曾在一次奏疏中陈述当前应做的事项达16件之多,而孙皓对此置之不理。

公元263年,司马昭灭蜀。280年,司马炎六路出兵大举伐吴,晋朝大将王浚率水军由武昌顺流而下,最先到达建业石头城下,吴国灭亡,三国归晋。唐代诗人刘禹锡就此写下著名的《西塞山怀古》一诗:"王浚楼船下益州,金陵王气黯然收。千寻铁锁沉江底,一片降幡出石头。"

上面提到的孙皓的昭明宫,有说法差不多是在成贤街的南段一带,现东南大学应是在它的遗址上。

东南大学梅庵前的六朝松

# 龙驹凤雏

云字士龙,六岁能属文,性清正,有才理。少与兄机齐名,虽文章不及机,而持论过之,号曰"二陆"。幼时尚书广陵闵鸿见而奇之,曰:"此儿若非龙驹,当是凤雏。"

——唐·房玄龄等《晋书·陆云传》

成语"龙驹凤雏",比喻英俊有才华的少年,常作恭维之语,这是出于东吴尚书闵鸿对少儿陆云的夸奖。

陆云(262-303),字士龙,吴郡吴县华亭(今上海松江区)人,著名文学家;其祖父陆逊及父亲陆抗,均为孙吴名将;其兄陆机,亦为著名文学家。陆云与陆机少儿时居秦淮河畔,其父陆抗去世后,两兄弟分领父兵,任牙门将;吴亡,则退居华亭故里,闭门勤学,十年不仕。后在"八王之乱"中,兄弟俩受成都王司马颖之命,领兵讨伐长沙王司马乂,兵败后被司马颖问罪处置。

陆云小时候就十分聪慧,6岁便能习文,"性清正,有才理"。有广陵(今扬州)人闵鸿,孙吴时任尚书,入晋则不仕,有"南金"之称。一日,他见到了少儿陆云,很是惊讶,夸奖说:"这个孩子若不是龙驹,就一定是凤雏。"

何谓"龙驹"?古人认为龙、马关系密切。《周礼·夏官》称"马八尺以上为龙",汉代王充《论衡·龙虚篇》则称"世俗画龙之像,马首蛇尾"。还有一说,龙驹为龙、马交媾所生,正如唐代玄奘《大唐西域记》载:"诸龙易形,交合牝马,遂生龙驹。"而"凤雏",则为幼凤。凤乃古人想象中的吉祥神鸟。据郭璞注《尔雅·释鸟》所云,其长象为"鸡头、蛇颈、燕颔、龟背、鱼尾,五彩色,高六尺许"。凤分雄雌,雄为凤,雌为凰,所谓"凤求凰"也。只不过,凤凰对应象征帝王的龙,就不分雌雄,整个"雌"化了,凤,也就成了凤凰的简称。龙和凤,是中华文化不可分割的徽记。龙驹和凤雏,均美誉天才的少年。

陆云的成就,自然不像父辈那样战在沙场,而在于文学创作,他与陆机同为"太康文学"的代表,并称为"二陆"。如果说陆机的诗深密华美,擅长排偶对仗,那么陆云的诗则颇重藻饰,与陆机的同称一流。陆云一生著文349篇,又撰有《新书》10篇,后人辑有《陆士龙集》。

金陵成语溯源之旅

你是凤雏。

你是龙驹。

# 断蛟刺虎

**处即刺杀虎,又入水击蛟。**

——南朝宋·刘义庆《世说新语·自新》

成语"断蛟刺虎",源于南朝宋刘义庆的笔记小说,原是指主人公"处"上山刺虎入水击蛟的高超本领,现形容这个人不仅功夫了得,更具有一副侠肝义胆的气质。

"处"原来是个恶少,专门欺压当地百姓。乡亲们将他与山上猛虎、河里蛟龙并称为"三害",甚至还将他列为"三害"之首。他的"断蛟刺虎"之举,并非是要为民除害,而为显摆功夫,好威吓八方,充其量是以恶制恶而已。那么"断蛟刺虎"怎么又被后人赞许了呢?这是因为"处"后来到了京师建业(今南京),脱胎换骨,成为了具有正能量的人。

这个"处",就是大名鼎鼎的周处。

周处,字子隐,义兴阳羡(今江苏宜兴)人,东吴名将鄱阳太守周鲂之子。这个官二代从小不学好,强悍蛮横,是地方上的一霸。他自以为"老子天下第一",上山与猛虎恶斗,又下河与蛟龙大战三天三夜,终于将对手灭掉,洋洋得意,"凯旋而归"。而乡亲们以为"三害"都在恶战中消亡了,特别是"首害"再也不会回来欺负他们,于是一个个兴高采烈,弹冠相庆。

**老门东东侧老虎头44号"周处读书台"遗存**

这一幕恰好被归来的周处看在了眼里,双方一时都特别尴尬,尤其是周处深受触动,幡然悔悟,决心要改邪归正,做个好人。

于是,周处通过关系拜京师的陆机、陆云为师。陆机、陆云乃东吴丞相陆逊之孙,可算是官三代。面对周处"年已蹉跎"的感慨,陆云开导道:"朝闻道,夕死可矣。何况你的前途仍大有可为。如果志向远大,何愁不能威名远扬呢?"听了这番说教,周处放下了心理包袱,潜心读书习武,著书立传,有《默语》《风土记》(历史上最早的一部介绍地方岁时节令和风土习俗的著作)等传世,并得到朝廷重用,历任东吴东观左丞、西晋御史中丞等职。为官期间,周处清廉勤政,不畏权贵,后受权臣排挤,在西征氐羌叛乱中不幸阵亡殉国,朝廷为表其功劳,追封他为平西将军,谥"孝"。

周处就是这样通过不懈的努力,实现了自

身的价值追求,成为魏晋风骨的杰出代表。

唐朝房玄龄所著《晋书》,为周处立传;明朝黄伯羽的《蛟虎记》,对周孝侯的事迹进行了演绎;当代京剧的经典剧目《除三害》,亦是以周处为原型的。清末民初历史学家蔡东藩是这样评价周处一生的:"知过非难改过难,一行传吏便胪欢。如何正直招人忌,枉使沙场暴骨寒。"

现在,在城南老门东的东侧老虎头44号尚有"周处读书台"的遗存,这是周处读书的地方,简称"周处台",因周处字子隐,又叫"子隐台",还被称作"周孝侯读书台"。据史料记载,周处台在明初开拓城墙时被劈为两半,后又在明朝时期重建遗存下来的,民国时做小学校舍,以后被百姓居住,于1982年被南京市政府列为市级文物保护单位。而今如去那里追寻周处遗

剪子巷(古周处街)

迹，可看到镌刻着"周处读书台"的石门楼一座，饰有望砖檐口的近500平方米面积的开间式民居，以及民居宅内墙壁上嵌有清代《周处读书台》碑刻。

距周处台不远处，有一条街叫"剪子巷"。当年，陆机、陆云的宅邸就在那里，周处为拜他们为师，也搬到这条街上居住。周处死后，世人为了纪念他，将其命名为"周处街"。到了明朝，这条街成了部队的军火库，更名"箭子巷"，谐音"剪子巷"。如追寻周处的遗迹，也可以到此看看。

时至今日，周处作为"浪子回头金不换"的典型，入选"南京市城市历史文化名人"之列。

# 东晋篇

DONGJIN

江左夷吾
日近长安远
东山再起
行不由西州路

# 小引：东晋建康

**石头小子**：公元280年，晋武帝司马炎平吴，三国归晋，司马炎将建业恢复成旧称秣陵，析秣陵置临江县，次年，改临江为江宁。之后，又以秦淮河为界，将秣陵一分为二：河之北是建邺县；河之南为秣陵县。公元313年，为避愍帝司马邺讳，将建邺改名建康。

**莫愁女孩**：西晋灭亡后，司马睿在建康称帝，建立东晋王朝，时为公元318年。有两位能人为东晋政权做出过杰出的贡献：一位是"江左夷吾"王导宰相，一位是"东山再起"谢安宰相。

**石头小子**：唐代诗人刘禹锡《乌衣巷》的"旧时王谢堂前燕，飞入寻常百姓家"，指的就是王导和谢安两大家族。

**莫愁女孩**：有关王、谢两大家族的成语多多，串在一起可演绎"连续剧"啦。

金陵成语溯源之旅

# 日近长安远

晋明帝数岁,坐元帝膝上。有人从长安来……因问明帝:"汝意谓长安何如日远?"答曰:"日远。不闻人从日边来,居然可知。"元帝异之。明日,集群臣宴会,告以此意,更重问之。乃答曰:"日近"。元帝失色,曰:"尔何故异昨日之言邪?"答:"举目见日,不见长安。"

——南朝宋·刘义庆《世说新语·夙慧》

南朝宋的刘义庆在他的笔记小说《世说新语·夙慧》中,记录了这么一个故事:

东晋时期,晋元帝司马睿的长子司马绍,也就是以后接元帝班的明帝,从小就十分聪慧。有一次,他正坐在父亲膝上撒娇,有人从长安回来报告情况。待报告的人走后,元帝问孩儿:"你说说看,长安和太阳,哪一个离我们远呢?"司马绍回答:"那当然是太阳离得远。因为从没有听说过,有人是从太阳那里来的,由此可以证明。"那时候司马绍才几岁大,就做出了这样的回答。元帝有些惊讶,又十分得意。次日,在满朝大臣参加的宴会上,元帝宣告了此事,还让司马绍再重复地说一遍。没想到的是,司马绍此刻改了口:"太阳离我们近。"元帝急得变了脸色,连忙问:"你今天讲的,怎么和昨天讲的不一样了?"司马绍不慌不忙地回答:

"请大家注意,我们抬头可以看见太阳,而看不到长安呀。"

这个故事,引出了经典的成语"日近长安远",意为对京城遥不可及的眷恋、向往,后又被引申为功名难遂。

为什么说"日近长安远"深含着对京都长安的向往呢?这要说到司马睿是如何在建康(今南京)称帝的。

司马睿(276-323),司马懿的曾孙,字景文,河南温县人,东晋建立者。他15岁时袭封琅琊王,后依附东海王司马越,为平东将军,监徐州诸军事,留镇下邳(今江苏睢宁西北)。后来采纳王氏家族的意见,司马睿移镇建邺(后改称建康),被朝廷任为安东将军,都督扬州江南诸军事。建兴四年(316),长安陷落,晋愍帝司马邺被俘,维持52年的西晋王朝灭亡。平东将军宋哲逃至建邺,称有诏书令司马睿统摄万机。为此,司马睿在世家大族的拥戴下自立为晋王,改元建武。次年,收到晋愍帝司马邺被杀消息,司马睿随即称帝,以晋为国号,改元大兴。因首都建康在旧都洛阳的东南,史称东晋。

晋元帝司马睿虽在江南称帝,但一直眷恋着北方的故土,也有南北统一的政治抱负。这种向往和抱负的氛围,在当时的朝廷上下是很浓烈的。司马绍虽年龄尚幼,但在耳濡目染的环境中成长,已小有大志。在宴会上,他面对老一辈的文武大臣,触景生情,才脱口发出"日近长安远"的感慨,很是经典!

自大兴元年(318)琅琊王司马睿称帝,至元熙二年(420)刘裕建宋代晋,东晋历11帝、104年。想象一下,"日近长安远"的情怀和志向,在司马绍等前几朝皇帝中尚存,越往后恐怕也就越淡薄了。

然而,我们今天说到"日近长安远",仍会产生一种说不清、道不明的乡愁,还会泛起一种功不成、名不就的惆怅。

司马睿(明人绘)

# 江左夷吾

于时江左草创,纲维未举,峤殊以为忧。及见王导共谈,欢然曰:"江左自有管夷吾,吾复何虑。"

——唐·房玄龄等《晋书·温峤传》

这一段记载说的是,司马睿从下邳(今江苏睢宁西北)移镇建邺(今南京),水土不服,难定民心。其中有位叫温峤的将军,很为之忧虑,于是向王导讨教。经过王导一番说辞,温峤转忧为喜,情不自禁地说:"江左有了管仲这样的干才,我还有什么可以担忧的呢?"

"江左夷吾",由"江左自有管夷吾"简化而来。"江左",是指长江中下游以东地区。古代记地理方位,以东为左、西为右。也就是说古代的六朝均在"江左"。"夷吾",即为管仲。管仲乃春秋时期法家代表,姬姓,名夷吾,字仲,被誉为"法家先驱""圣人之师""华夏第一相",他曾任齐国宰相,辅助齐桓公强兵富国。成语"江左夷吾",将江左王导比作古代的管仲,泛指能撑持危局、治理国家的政

温峤(清版画)

治家。

王导何以会在温峤眼里堪称夷吾呢?

王导(276-339),字茂弘,琅琊临沂(今山东临沂)人,出身士族,初袭祖爵即丘子,任东阁祭酒,后为东海王司马越参军,与琅琊王司马睿"契同友执"。司马睿移镇建康便是听从了王导的献策。司马睿到了建康,原以为会得到当地的拥戴,实际上并非如此。于是,他让温峤去找王导。王导认为:古代成就霸业的人,莫不礼贤下士,接纳天下有才能的人。如今司马睿在江南草创大业,应当把江南士族名流顾荣、贺循请来做座上客,有了他俩辅佐,不愁其他能人贤士不接踵而来。温峤听了这番道理,心悦诚服,方发出"江左夷吾"的赞叹。当时的王导及堂兄王敦,不仅是北方士族的名人,在南方也有影响。他们为名望尚浅的司马睿树立威信,利用三月三"修禊"祭祀活动,让司马睿乘坐华丽肩舆,自己携中原贵族骑马随从,仪仗威严。江左顾荣等名士见到这样的场面,始知司马睿深受世家大族爱戴,亦纷纷赶来拜见。自此,司马睿威望日增,出现了"吴会风靡,百姓归心"的局面。

王导(清版画)

王导在司马睿称帝后,被拜为宰相。他作为"江左夷吾",采取了"镇之以静,群情自安"的方针,周旋于皇室、世家大族及南北士族的矛盾之间,使东晋政权在外有强敌、内乱不止的局面下,数次转危为安。为此,史称"自晋而下,三百年之基业,导之力也"。

# 琳琅满目

有人诣王太尉,遇安丰、大将军、丞相在座。往别屋,见季胤、平子。还,语人曰:"今日之行,触目见琳琅珠玉。"

——南朝宋·刘义庆《世说新语·容止》

《世说新语·容止》记录了这么一件事:西晋时有一个人去拜访王太尉(王衍)。他在太尉府上的房间里看到安丰(王戎)、大将军(王敦)、宰相(王导),他到了另一个房间,又见到季胤(王诩)、平子(王澄)。回来后,他对人说:"今天出去了一趟,我看到的都是琳琅珠玉,实在令人满目生辉。"琳琅,亦是美玉的意思。"触目见琳琅珠玉",演绎为成语"琳琅满目",形容眼前都是优秀的人才或珍贵的物品。

实际上,此人到王太尉那里,见到的都是王氏家族的达官贵人,所以才会发出"琳琅满目"的感慨。以王导、王敦为代表的王氏家族,在东晋政权中占有举足轻重的地位,史称"王与马(指司马睿的皇室家族),共天下"。须知,司马睿原来仅为琅琊王,在晋室诸王中既无威望,也无实力,且属西晋皇族血统中疏远的支脉。他初到建康,无所适从,全凭王导、王敦全力支持,方奠定基础,建立东晋王朝。

乌衣夕照图（明人绘）

随着东晋王朝的建立，亦形成了门阀政治。所谓门阀政治，实质为士族与皇权共治，是特定历史条件下皇权政治的变形，为中国历史上的奇特现象。"王与马"，开启了东晋门阀政治的格局。自此，王氏、谢氏、庾氏、桓氏等门阀士族的势力，得以平行甚至超越皇权之上。门阀政治维持了近一个世纪之久。

王导等一批王氏家族的达官显贵居住在城南乌衣巷。乌衣巷，原为乌衣营，因东吴时是禁卫军的驻扎地，而禁卫军一律乌衣玄甲而名。王导乃宰相之家，贤才众多，子弟裙履风流，皆着黑衣，"乌衣营"也就改称"乌衣巷"了。此后，以谢安为代表的士族及晋侍中纪瞻等一批达官显贵，亦入居乌衣巷，乌衣巷名声愈加显赫。隋灭陈后，建康城平荡垦耕，乌衣巷亦化为乌有,有唐代刘禹锡怀古诗为证:"朱雀桥边野草花,乌衣巷口夕阳斜。旧时王谢堂前燕,飞入寻常百姓家。"

而今,在夫子庙地区乌衣巷旧址建有"王导谢安纪念馆",对此有兴趣的游人,可入内参观。

乌衣巷,系东晋时王、谢两大家族居住地,现设王导谢安纪念馆。

# 新亭对泣 楚囚相对

过江诸人,每至美日,辄相邀新亭,藉卉饮宴。周侯中坐而叹曰:"风景不殊,正自有山河之异!"皆相视流泪。唯王丞相愀然变色曰:"当共戮力王室,克复神州,何至作楚囚相对!"

——南朝宋·刘义庆《世说新语·言语》

这段文字叙说的是,永嘉五年(311)五月,西晋首都洛阳失陷,晋怀帝被捉。同年十一月,晋室一些官僚贵族相聚建康新亭,面对北方沦陷,感极而泣。席间,周𫖮喟然长叹:"这里的风景与洛阳是何其相似,只是中原故土换了主人。"大家听了泪目相对,只有丞相王导正色道:"在这个时候,大家正应当同心戮力,报效朝廷,收复中原,怎能像亡国的楚囚那样,相对悲泣,不图振作呢?"

成语"新亭对泣""楚囚相对"由此而来。"新亭对泣",是表达对故土的感怀。"楚囚相对"中的楚囚,本指春秋时被晋人俘虏的楚人钟仪。此成语用来比喻在国破家亡或遇到恶劣情况下,束手无策的样子。

王导这席话打动了诸君,亦鼓舞了大家的斗志。后来,王导领衔北方士族,团结南方力量,帮助东晋巩固了在建康(今南京)的政权。"新亭对泣"中的主角周𫖮,成为元帝的重臣。

金陵成语溯源之旅

而王导先后辅佐了元帝、明帝、成帝三朝皇帝，成为名副其实的"江左夷吾"。

其实，"新亭对泣"和"楚囚相对"均含负能量，但后世提到时并无压抑之感，反会联想到王导"不畏挫折、刚毅奋发"的精气神。正如唐代诗人李白游经新亭所作《金陵新亭》："金陵风景好，豪士集新亭。举目山河异，偏伤周顗情。四坐楚囚悲，不忧社稷倾。王公何慷慨，千载仰雄名。""新亭"也因其如画的自然风光和卓越的人文景观，被明代画家文伯仁收入《金陵十八景》之中。

有人或许要问，"新亭"在何方呢？"亭"，在古代是指旅途歇息或迎宾送客的场所。南京的"新亭"始建于东吴。南朝宋孝武帝刘骏讨逆兄长得手后，就是在"新亭"登基的，并将其改称"中兴亭"。南朝梁武帝萧衍也是在"新亭"送别柳庆远的。柳庆远奉命上任雍州刺史，要途经家乡，萧衍在"新亭"送别时称之为"衣锦还乡"。

说了这么多，"新亭"的地点究竟在哪里呢？据中国历史地图集上的南朝齐"建康附近"图示：新亭是在城西从石头城到蔡洲的途中。那时候的蔡洲，还是古长江中的沙洲，今为建邺区沙洲街道所在地。又据《读史方舆纪要》载："自吴以来，石头南上至查浦，查浦南上至新亭，新亭南上至新林……板桥南上至冽洲，陆有城堡，水有舟楫，建康西南面之险也。"再据《景定建康志》中南宋史正志《新亭记》记载："西南去城十二里，有冈突然起于丘墟垅堑中，其势回环险阻，意古之为壁垒者，或曰此六朝所谓新亭是也。"综上分析，"新亭"大致在今凤台南路和软件大道交汇口的南侧，位于绵延的小山岗上。也许还应将范围再扩大一些，那么它是在包括今菊花台、浡泥国王墓和油坊桥东在内的丘垅地带。

尽管"新亭"早已失去踪影，甚至找不到它的具体遗址，但它的历史故事，包括成语、诗歌、绘画永远保存了下来。2007年，南京市地名办公布了"重新启用老地名推荐名录"的有关文件，据此，板桥地区有了"新亭"，即现在的"新亭大街"。与板桥相邻的双闸街道也有了"新亭"，即现在的"新亭社区"。"新亭"没有消失，依旧在史料中活着，在人们的记忆中活着。

浡泥国王墓

# 空洞无物 周嵩狼抗

王丞相枕周伯仁膝,指其腹曰:"卿此中何所有?"答曰:"此中空洞无物,然容卿辈数百人。"

——南朝宋·刘义庆《世说新语·排调》

周伯仁母,冬至举酒赐三子曰:"吾本谓度江托足无所,尔家有相,尔等并罗列吾前,复何忧?"周嵩起,长跪而泣曰:"不如阿母言。伯仁为人志大而才短,名重而识暗,好乘人之弊,此非自全之道;嵩性狼抗,亦不容于世;唯阿奴碌碌,当在阿母目下耳!"

——南朝宋·刘义庆《世说新语·识鉴》

《世说新语》"排调"和"识鉴"中的两段记载,成就了成语"空洞无物""周嵩狼抗"。

先说"空洞无物",意思是内里空虚,一无所有,现多指言谈、文章十分空泛。这是东晋宰相王导与好友周顗酒后传出的一段佳话。

周顗(269~322),字伯仁,一日到王导那里喝酒。两人都喝高了,王导头枕着周顗的膝盖,指着他肚皮说:"你这里装的是什么?"周顗毫不相让,回答说:"里面空洞无物,但可以装下几百个像你这样的人。"这一段对话,表现了古人开起玩笑来也是很幽默的。

周𫖮,早在西晋末年就是镇军将军长史,南渡后任荆州刺史,后又官至尚书左仆射,领吏部,与王导同朝为官。他为人自负,崇尚虚无哲学,是有名的酒坛子,被人称作:"三日仆射"。王导向周𫖮这么发问,是话中有话的:你这么嗜酒如命,是不是个酒囊饭袋?周𫖮的回答也有所指:我虽然玩世不恭,没有你那么大的作为,但我的肚量也不输给你呀。从周𫖮这么随便地与王导说笑,可以看出他俩的关系相当之融洽。

周𫖮被王导戏称为"空洞无物",虽然有点过,但确也是志大才疏,这可是有其弟周嵩对他的点评为证,由此就要说到"周嵩狼抗"了。

周𫖮(清版画)

成语"周嵩狼抗",是指此人傲慢之义。其中的狼抗,亦为狼伉、狼亢,形象地表现了狼的暴戾的性格,周嵩在评说其兄的同时倒是有清醒的自我认识。

周嵩,字仲智,排行老二。他还有一个弟弟,叫周谟。有一年冬至,他的母亲举酒赐三个儿子说:"我本来以为渡江后没有安身之处。现在你们都在我身边,还有什么好忧虑的呢?"周嵩长跪而泣:"并不是阿母所说的那样呀。周𫖮为人志大而才短,名重而识暗,好乘人之弊,此非自全之道。嵩(指自己)性狼抗,亦不容于世。只有阿奴(指周谟)碌碌,可以在阿母身边呀!"

周嵩是当朝之臣,官至御史中丞。他为人耿直,果敢仗义,常常在朝堂上傲视他人。未曾想到的是,他对阿母说的一番话最终竟被验证了:周𫖮因"非自全之道",他自己因"性狼抗,亦不容于世",结果都成了王敦"清君侧"的牺牲品。

# 击缺唾壶

> 王处仲每酒后,辄咏"老骥伏枥,志在千里。烈士暮年,壮心不已。"以如意打唾壶,壶口尽缺。
>
> ——南朝宋·刘义庆《世说新语·豪爽》

这一节说的是东晋大将军王处仲喝酒的故事。王处仲,即为王敦,每每喝多了酒就会乘着酒兴,一边用如意将唾壶敲出节奏,一边吟诵"老骥伏枥,志在千里;烈士暮年,壮心不已"的诗句。由于唾壶被反复击打,时间长了,唾壶的边沿也就残缺不全了。后人用"击缺唾壶",或"击碎唾壶""唾壶击缺",来表达有志之士的亢奋、昂扬之情。

先来了解一下,击打唾壶的"如意"是什么。它非打击乐器,而是官员上朝的"朝笏",通常是用玉石制作。官员上朝前会在上面记事,以免在皇帝面前忘事出丑。如意的原型,是黄

东晋时期的唾壶

帝所制大战蚩尤的兵器，故后人亦将其视作辟邪祥瑞之物。而民间则将其用作"搔杖"，它搔痒不求人，令人深感适意，美其名"如意"。

那么，"唾壶"是什么呢？唾壶，又名渣斗、夌斗，陶瓷做成，是用于盛装唾液或食物残渣的洁具。以玉石制的如意击打陶制的唾壶，当然会将唾壶的边沿击缺。而且，以如意击打唾壶，方倍显敲打者的"豪爽"。

再有，王敦击打唾壶时咏的是什么诗？是曹操的《龟虽寿》，是曹操在平定乌桓叛乱、消灭袁绍残余势力之后写下的。那一年，曹操五十有三，在古代已属高龄了，他深感人生短促，夕阳西下，心潮起伏，为此，他在《龟虽寿》的开首便吟道："神龟虽寿，犹有竟时；腾蛇乘雾，终为土灰。"不过，他并不为之悲观，"老骥伏枥，志在千里"。他即将率领大军南下征讨荆、吴，心怀统一大业，乃"烈士暮年，壮心不已"。这几句诗词遒劲有力，韵律沉雄，内蕴着一股自强不息的豪迈气概，广为流传。

那么，王敦是否也有这样的雄心大志呢？俗话说，酒后吐真言。他与堂弟王导，一武一文，襄助司马睿为帝，为建立和巩固东晋政权殚精竭虑，立下汗马功劳。王敦也好，王导也好，都渴望着打回北方，重返家园。只是，随着东晋政权逐渐稳定，司马睿觉察到王氏势力过于强大，开始重用刘隗、戴渊、刁协等人，并推行"刻碎之政",用来强化皇室的中央集权统治。王敦虽然重兵在握,但明显感到自身的势力已被削弱,再难实现远大的抱负,他尤其痛恨刘隗之流也掌握了一部分兵权,以后很可能还会与自己叫板,为此恼羞成怒,甚至萌发了清君侧的念头。这时候的王敦,心理十分矛盾,酒酣之际,用击壶、吟诵的方式,来宣泄复杂的情绪。"击缺唾壶",不是曹操的诗劲大,分明是王敦宣泄的情绪大!

有意思的是,成语"击缺唾壶"最初是来形容一种亢奋、昂扬之情的,后来不知怎么的,被引申为对文学作品的高度赞赏。其实,可以想象一下,一位大将军用"朝笏"敲打唾壶,发出不同的节拍,随着节拍吟唱"老骥伏枥"那样一个场景,恰如文学作品的创作,多么有创意,多么有诗意,值得点赞。

# 城狐社鼠

及敦将为逆,谓鲲曰:"刘隗奸邪,将危社稷。吾欲除君侧之恶,匡主济时,何如?"对曰:"隗诚始祸,然城狐社鼠也。"

——唐·房玄龄等《晋书·谢鲲传》

这是东晋大将军王敦在起兵"清君侧"的前夕,与麾下长史谢鲲之间的一段对话。王敦对谢鲲说:"刘隗奸邪作恶,危害国家。我要除掉他,以此来报效朝廷,你看如何?"谢鲲答道:"刘隗之流虽然是个祸患,但只是城狐社鼠啊!"

成语"城狐社鼠",用词十分形象,是借在城墙下挖洞的狐狸、土地庙里打洞的老鼠,比喻倚仗权势作恶,一时难以驱除的小人。

王敦为何视刘隗为"奸邪"呢?刘隗之流又确为谢鲲口中的"城狐社鼠"吗?这么说恐怕有些武断。其实,以刘隗为代表的一批忠臣,包括刁协、戴渊等,仅是晋元帝为削弱王氏在朝野势力的棋子,而在王敦眼中,他们都是挤压王氏家族的政坛宿敌。刁协熟悉法度,制定了一整套强化中央集权的吏制民法。刘隗则依照这套法条,忠诚地为司马睿执掌刑宪,不避权贵,就连同属保皇阵营的周𫖮等,亦不肯放过。例如,周𫖮曾在朋友居丧期间赴宴。刘隗为此奏请罚周顗俸禄一月,以明丧服之礼。又如,周顗门生在其弟嫁女时砍伤建康左尉。刘隗再度出手,奏请免去周顗官职等。刘隗还曾借口王敦之兄王含用人失察,奏请免其南中郎将,欲清除王敦之左右。

王敦对刘隗的所作所为,恨得咬牙切齿。他为了试探刘隗的政治底线,曾致书对方:"我听说陛下非常信任你。如今胡虏未灭,中原鼎沸,我们应该同心戮力,辅佐王室,以安定社稷。如果我们可以平安相处,则国运历久不衰,不

然的话,天下将永无宁日。"刘隗则以庄子的名言"鱼相忘乎江湖,人相忘乎道术"作回应,以为人各有志,不必强求。刘隗又引用春秋时期荀息的名言"竭其股肱之力,加之以忠贞"来表示他效忠朝廷司马氏的志向,含蓄地贬斥了王敦的不臣之心。王敦看到刘隗的回信,彻底失望了。如果说他"击碎唾壶"时,只是有"清君侧"的念头,而到了这一刻,则决定了必须铲除这些"奸邪"而后快。这才有了他与谢鲲关于"城狐社鼠"的一番对话。

永昌元年(322),王敦以"清君侧"之名起兵攻入建康。刘隗仓皇逃窜,北投后赵,真成了"城狐社鼠"。刁协则被王敦部下斩于江乘。当然,那是后话了。

江乘,故址在今栖霞山附近江边,与六合龙袍街道隔江相望,在古代是长江中下游的重要渡口和军事要冲。秦始皇曾东巡于此,置为江乘县,以后时废时置,至隋开皇初终被废止。而"江乘"则有村落用作村名。1958年,江乘村因在村西掘湖,更名西湖村,但村小学名仍沿用江乘小学。如今,村北古江乘县城及城墙遗址依旧可寻,被村民称为"土城脚"。1998年,西湖村在村东头修建"古邑江嵊(乘错讹为嵊)"牌坊,以志纪念。

# 草间求活

"吾备位大臣,朝廷丧败,宁可复草间求活,外投胡、越邪?"

—— 唐·房玄龄等《晋书·周顗传》

成语"草间求活",意为避匿于草野中谋生存,形容苟且偷生。其中的"草间",是指草野之中,泛指民间;"求活",则为求得活命。

话说大将军王敦以"清君侧"为名起兵谋反,一路杀到了建康城外。东晋政权摇摇欲坠,满朝文武惶惶不可终日。面对着城下兵临,有个人站了出来,向众大臣大声疾呼:"现在朝廷危难,我们作为国家重臣怎么可以苟且偷生,各自逃命呢?"这个人就是曾在"新亭对泣"的大臣周顗。

王敦乱政图(明版画)

周顗，大家可能对他已不陌生，他不仅曾于"新亭对泣"，还是"空洞无物"中的主人公。王导戏称他是"酒囊饭袋"，说的不无道理。有一次，周顗请江北来的朋友喝酒，两人喝得酩酊大醉，等到周顗酒醒之后，发现那位朋友竟然已喝得死了过去。其弟周嵩说他"志大而才短"，也不为过。他曾被委派为荆州刺史，刚上任就遭到贼兵杜弢的围困，正当他一筹莫展时，大将军王敦派陶侃前去救援，才击退了杜弢。当时王敦就说：伯仁屁股还没坐热，就被贼兵镇住了，怎么能当刺史呢？但周顗虽有这样那样的不是，却对元帝司马睿忠心耿耿，而且以朝廷利益为重，不会去溜须拍马。举个例子，司马睿坐稳了江山后，在一次聚会上说：众位爱卿，今日名臣聚集，可以和尧舜繁盛时期相比了吧。周顗很不给面子，在下面大声喊：现在怎么能够和"圣世"相比呢？司马睿听后十分恼火，当场命人把周顗抓起来要处死他，过了好多天，才又将他从狱中放出。大家去探望他，他说：我就知道死不了，没犯死罪啊。

正是这位"新亭对泣""空洞无物"的周顗，在朝廷危机之时振臂一呼，喊出决不"草间求活"的最强声，可谓是振聋发聩。王敦对周顗质问道："伯仁，当年你在荆州被困，还是我替你解的围。如今你不跟我站在一边，真是有负于我啊！"周顗则怒怼道："你举兵叛乱，我没能替皇上平叛，的确是有负于你呀！"

周顗掷地有声的铮铮骨气、不齿于"草间求活"的节操，一直被后人称道。

# 谋图不轨 声泪俱下

**因勃然数敦曰:"兄抗旌犯顺,杀戮忠良,谋图不轨,祸及门户。"音辞慷慨,声泪俱下。**

——唐·房玄龄等《晋书·王彬传》

"谋图不轨"和"声泪俱下"是两则常用的成语,前者亦作"图谋不轨",意思是谋划越出了常规、法度;后者则是形容精神状态极其激动、悲痛。这两则成语都源于东晋琅琊王氏家族内部的一场骂战。

在这场著名的骂战中,"声泪俱下"的是担任侍中的王彬,被斥为"谋图不轨"的是其堂兄王敦大将军。王彬指责王敦发动叛乱,杀害忠良,图谋不轨,已祸及王氏的整个家族。这到底是怎么回事呢?

东晋政权建立初期,王氏家族的势力十分强大,代表人物是宰相王导、大将军王敦。当晋元帝司马睿坐稳了江山,着手削弱王氏的力量时,王导仍以大局为重,忠于朝廷;而王敦性烈,不甘于唯命是从。王敦的所作所为,可从"击碎唾壶""城狐社鼠"的故事中察其一二。还有一则故事也很经典,可以说明王导与王敦的不同之处:王导和王敦一起出席王恺的府宴,王恺自恃是皇亲国戚,举止霸道,安排婢女给宾客敬酒,如宾客不能干杯,便将婢女杀掉。王导虽酒量小，但担心会伤及无辜，硬着头皮将酒喝完。王敦酒量大，轮到他喝酒时，故意不端酒杯，吓得婢女魂飞胆丧。事后，王导说："王敦如此心怀刚忍，会死于非命的。"

永昌元年(322)，王敦以"清君侧"之名发兵，攻下了石头城。他将晋元帝晾在一边，大开杀戒，除掉刁协、周顗、戴渊等一批忠臣。司马睿见势不妙，委派王彬前往求和，并承诺拜王敦为相。

王彬是王敦的堂弟。他与周顗私交很深，先是到周顗家中哭悼了一番，然后怒气匆匆地去见王敦，见到王敦，便是劈头盖脸地一顿臭骂。当时王导也在场，担心兄弟俩吵出意外，劝王彬消消气，并行礼道歉。王彬非但不理会，还加重了语气："吾自患脚疾以来，见到皇帝都不想行跪拜礼。现在凭什么要向他王敦下跪道歉？！"王敦十分恼火，顿时起了杀心，喝道："脚痛难道比得上颈痛厉害吗？"面对如此致

象山王氏家族墓地

象山王氏家族墓地出土的玻璃杯和指环

命的胁逼,王彬毫不惧色。王敦当着王导的面,拿王彬没什么办法,还是给了王彬一条生路。

王敦的结局,应了王导的"会死于非命的"预言。时为元帝驾崩后,他二次谋反,病死于征战中。王彬则得以善终,葬于幕府山西南之象山上。

20世纪60年代,文物部门发现了王彬的家族墓地,在七座墓中出土了280余件各类随葬品,其中尤以玻璃杯和嵌金刚石金环最为珍贵,现被收藏在南京市博物馆。据墓志,王彬本人应葬在此处。2006年,象山王氏家族墓地被列为全国重点文物保护单位。

# 伯仁由我而死

"吾虽不杀伯仁,伯仁由我而死。幽冥之中,负此良友!"

——唐·房玄龄等《晋书·周𫖮传》

那是一个阴气沉沉的黄昏,一位老人从官中跌撞着回到乌衣巷府中,他掩上房门,失声痛哭,内心比天气还要阴沉。子女们十分惊慌,忙问其缘由。老人老泪纵横地说:"我虽没有杀伯仁,但伯仁是因我而死。在幽暗之中,我越发觉得对不起这么好的朋友呀!"

这位老人就是东晋宰相王导,他的话虽显得突兀,有点不合逻辑,却是发自肺腑,掩不住内心的悔恨,"伯仁由我而死"也成了精句,以"成语"留存了下来。

"伯仁由我而死",或简作"伯仁由我",要表达的是对他人的死亡负有不可推卸的责任。

王导没有杀伯仁,为什么却要对伯仁之死负有责任呢?

伯仁,就是那位决不"草间求活"的周𫖮。伯仁与王导不仅同朝为官,还是世交发小,堪称是一对铁哥儿,他俩以往兄弟般的情谊,可从"新亭对泣""空洞无物"的故事中察其一二。王导因官做得比伯仁大,也处处护着这位小老弟。举个例子:伯仁初任荆州刺史时,被叛军围住城池、搞得狼狈不堪。他回到建康后，一度被挂着，唯王导为他奔走，才再被委以要职。伯仁虽然才拙，也没有王导地位高，但十分忠于朝廷，尤其在大将军王敦谋反、兵临城下的危难时刻，勇于站出来振臂高呼，鼓舞士气，表现了男子汉的铮铮硬骨。王导亦忠于朝廷，只不过王氏家族已受司马睿的猜忌，而处于十分尴尬的位置。接下来发生的事，成为了"伯仁由我而死"的导火线。

话说王敦开始在武昌起兵叛乱。大臣刘隗趁机劝说司马睿"尽诛王氏"。王导得此消息，忧惧族人性命，率王氏老小一连数日跪在宫门"待罪"。昔日同僚但求自保，避之唯恐不及，此刻，王导能指望的就只有伯仁了。恰好伯仁

王敦举兵谋反图（明版画）

进宫面圣，王导跪呼："伯仁兄，王氏宗族百余口老小的性命，就全靠你了！"谁知伯仁根本不予理睬，待他从殿中出来后，王导再次央求他拉兄弟一把，而他竟扬言："我一定杀尽你们这些叛军贼子，这样就可以谋个更大的官。"伯仁何以会如此绝情呢？其实，情况完全相反。伯仁一见到皇上，便力陈王导的忠诚，他回到家里，仍然放心不下，又立即书写奏疏，言辞恳切，竭尽全力替王导申辩，最终保住了王导的性命。伯仁之所以这么做，一方面是掩人耳目，以免奸人阻碍暗中搭救的计划；另一方面也是他的性格使然。这位仁兄奉行的是"知我者，不因我言，而由我心"，保持着一身魏晋的风骨，而这一切，王导都蒙在鼓里，无从知晓，自然对伯仁心生怨恨。

后来形势急转直下。王敦很快攻进建康，掌控了朝政，开始"清君侧"，伯仁自然是王敦要清除的重点对象之一。考虑到伯仁与王导之间的关系，王敦既想杀伯仁，又有所顾忌。于是他就来摸一摸王导底牌。他假借委伯仁以官职，问道："伯仁声望很高，请他任三司可否？"王导不吱声。王敦又问："难道只能当令或者仆射？"王导仍不表态。王敦再问："如果不能为我所用，那就只好杀掉了。"王导依然一声不吭。见王导如此态度，王敦不再犹豫，下令将伯仁逮捕，押至石头城南门处死，直至王导整理官廷档案时，看到了伯仁为救他连夜赶写的奏疏，才意识到自己大错特错了。他确实没有杀伯仁，而伯仁确实因他而死。

　　古往今来，"伯仁由我"的惨案并不鲜见，足以让后人引以为鉴呀。

# 伯道无儿

邓攸始避难,于道中弃己子,全弟子。既过江,取一妾,甚宠爱。历年后,讯其所由,妾具说是北人遭乱,忆父母姓名,乃攸之甥也。攸素有德业,言行无玷,闻之哀恨终身,遂不复畜妾。

——南朝宋·刘义庆《世说新语·德行》

攸弃子之后,妻不复孕……遂不复畜妻,卒以无后。时人义而哀之,为之语曰:"天道无知,使邓伯道无儿。"

——唐·房玄龄等《晋书·邓攸传》

"伯道无儿"的故事,充满了战火的硝烟,充满了逃难者的悲怆,充满了孝义两难全的苦楚,充满了天道无知的哀叹,充满了人生的无奈,说起来真的蛮凄凉的。

故事的主人公邓攸,字伯道,平阳襄陵(今山西襄汾)人,父母早丧,以孝义著称,为晋朝的官员。西晋发生永嘉之乱时,邓攸在战火中被胡人石勒俘虏。石勒慕其名声,授他为参军。而他忠于晋廷,带着妻儿及侄儿伺机从石勒军中逃离。他们一家老小在途中遇到了盗匪,行装及车马都被掠去,大人只好用箩筐担着小孩步行。邓攸一路盘算着,前面要走的路很长,口袋里已没有几枚铜钱,这样走下去大家都性命不保,于是产生弃去儿子独带侄儿的想法。他同妻子贾氏商量:"路遥途远,盘缠稀少,宜减一口,方可保全到南。"贾氏应:"可弃绥(侄儿)也。"他道:"吾弟早亡,唯有一子,理不可绝,只应弃我儿耳!我与你年纪未老,若幸而得存,天必鉴我苦衷,再当使我有子矣。"妻泣:"恩不及如夫妇,亲不及如父子,君何舍子而留侄耶?"他狠下心来说:"今事急矣,不得不弃,若留子弃侄,弟必绝嗣,旁人谓我

不义。"由是妻大哭而从。最终他们半路扔下了亲生的儿子,带着侄儿来到建康(今南京)城。

邓攸"舍己子全弟子"之义举感动了全城,也被晋元帝赏识,之后,他曾任太子中庶子、太常、尚书左仆射等职,仕途可谓一帆风顺。他后来又做了吴郡太守,为官清廉,受到当地百姓爱戴。不过,他的婚姻发生了戏剧性变化,可谓一落千丈;其子丢失,未能寻回;其妻贾氏不曾复孕。他后来纳有一妾,非常宠爱,不曾想在与妾相处一段时间后,仔细询问其身世,方知竟然是自己的外甥女。这使他伤心悔恨至极。他一向德行高洁,怎么会做出如此荒唐之事,实在是无地自容,发誓"不复畜妾",也就是说不再另行纳妾了。

邓攸这样做的结果,直接导致他绝了后,实际上亦是犯下了"不孝"之大忌。孟子曰:"不孝有三,无后为大。"这样的传统观念几千年来根深蒂固。虽然现在有人重新解读孟子的所谓三大"不孝",认为孟子说的不孝,第一是"阿意曲从,陷亲不义",第二是"家贫亲老,不为禄仕",第三才是"不娶无子,绝先祖祀",也就是"无后为大"。尽管如此,这仍不影响"无后"乃为大不孝。好在邓攸的人品和人缘都十分之好,"不复畜妾"亦是事出有因,大家也就反倒为之叹息,都说:"老天爷不懂事理呀,叫伯道没有了儿子。"唐人元稹亦在《阳城驿》

诗中云:"有鸟哭杨震,无儿悲邓攸。"

成语"伯道无儿",亦作"伯道之忧""伯道之嗟",就是这么来的。此成语旧时叹他人无子,现为同情、惋惜之辞。

# 囊中羞涩 金貂换酒

但有一钱看囊,恐其羞涩。
——宋·阴时夫《韵府群玉·阳韵》

尝以金貂换酒,复为所司弹劾,帝宥之。
——唐·房玄龄等《晋书·阮孚传》

"囊中羞涩"是常用的成语,指兜里没钱,挺难为情的,缘于宋代学者阴时夫编撰的《韵府群玉·阳韵》。《韵府群玉》是一部研究音韵的书,研究的范围包括古音、今音及现代音等,分为106部,其中在"阳韵"中讲到了"囊涩"一词,也就成就了这则成语。"金貂换酒",亦称"金貂换",按字面理解就是取下金冠换得美酒。所谓"金貂",是指皇帝身边近臣佩戴的饰有貂尾的冠饰。此则成语与"囊中羞涩"相比用得不多,形容不拘理法,恣情纵酒,表现了文人的狂放不羁。

之所以将这两则成语放在了一起,是因为其都与一个人有关,这个人叫阮孚,而"囊中羞涩"也作"阮囊羞涩",随主人姓也。

阮孚,字遥集,东晋大臣。他高傲不羁、懒治家产,又偏好杯中物,为官的那点俸禄根本抵不上几日酒钱,故而生活窘迫,整日衣冠不整。不过对他来说，酒为欢伯，除忧来乐，只要一有空闲，便拎上皂囊，四处游荡买醉。这皂囊，是朝廷给他装禀奏涉密文件的黑色布装，而他却充作买酒的钱袋使，你说他荒唐不荒唐？

　　有一回，他跟朋友们外出游玩，胡吃海喝几天，盘缠花得差不多了，这时候，有位朋友跟阮孚打趣道："我说仁兄，你整天拎着个破

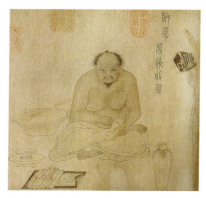

唐 陆曜作《六逸图卷》之阮孚

黑布袋子,里面究竟装了什么宝贝啊?"阮孚自然听得懂话外音,不过还是潇洒地摇了摇手中的皂囊,一本正经地说:"钱是用得差不多了,不过我还留了一枚铜钱压包底,免得让这皂囊难为情。"朋友听罢,哈哈大笑。

后来,晋元帝委派阮孚担任贴身的散骑常侍,入则备皇帝顾问,出则骑马散从。在皇帝身边,总得悠着点,可他本性难改,还是那么放肆地喝酒。有一次还没关饷,他再次"囊中羞涩",可酒瘾又上来了,他干脆拿头上的"金貂"去换酒喝。敢拿皇帝赐予的官物换酒喝,那可是欺君之罪呀。好在晋元帝喜欢阮孚的性格,也就放了他一马。

阮孚何以会如此狂放不羁呢?这与他的家庭熏陶不无关系。阮孚的母亲是鲜卑胡婢,血液里流淌着游牧民族的野性。他的父亲阮咸、叔祖阮籍是"竹林七贤"中的两贤。所谓"竹林七贤",是指魏晋时期的七位名士,这七位除了二阮之外,还有嵇康、山涛、向秀、刘伶、王戎,他们的政治思想和生活态度均为"弃经典而尚老子,蔑礼法而崇放达",常集于竹林之下,饮酒作诗,肆意酣畅,故称之"竹林七贤"。由于"竹林七贤"名气过大,成为了一则成语,亦作"竹林笑傲",是指文人独立于世俗之外,也喻朋友间的交情深厚。

阮孚就是在这样的环境中长大的,性格系基因使然,他在喝酒上尤其超出父辈,被列入"兖州八伯"之中。所谓"兖州八伯",指两晋之间山东兖州一带八位为官较为清正的名士结成的"酒友帮"。他们后避难南渡,常常聚饮,旷达任性,不拘礼法。阮孚在"兖州八伯"中被称为"诞伯",其他七位为羊曼(髡伯)、阮放(宏伯)、郗鉴(方伯)、胡毋辅之(达伯)、卞壶(裁伯)、蔡谟(朗伯)、刘绥(委伯)。"诞伯"阮孚如此好酒,"囊中羞涩""金貂换酒"也就不足为怪了。

# 标新立异

支道林在白马寺中,将冯太常共语,因及《逍遥》,支卓然标新理于二家之表,立异义于众贤之外。

——南朝宋·刘义庆《世说新语·文学》

"标新立异",意为提出与众不同的观点和主张。这则成语,语出东晋时期建康(今南京)白马寺的一次交谈。

白马寺高僧支道林,俗姓关,名遁,字道林,河南陈留人(今开封东南)人,一说是河东林虑(今河南林州)人。他不仅深谙佛经义理,而且通晓百家之言,尤其对老庄思想颇有研究。当时魏晋名士盛行清谈,内容主要是辨析以《周易》《老子》《庄子》"三玄"为主的抽象玄理。有名家向秀、郭象为《庄子》作注,在社会上

白马寺联句草书碑

广为流传。大家在清谈中说到《庄子》，往往就会引用向秀、郭象的注解，而支道林有不同的见解，只是不说出来而已。

这一日，支道林在白马寺接待冯怀、刘系之等好友。大家在一起交谈，自然会扯到《庄子》的"逍遥"篇。诸位发表的观点又端出向秀、郭象的注解，无非是老生常谈，这时候，支道林发了声，说出完全不同于向秀、郭象的那一套。他的观点新颖，理解深刻，意见独到。大家听了十分惊异，经细细琢磨，又觉得非常有见地，故后人称之为标新立异。

东晋时期的白马寺，现已无从查找到来历及具体位置。据《金陵佛寺大观》载："白马寺未详其所始，晋高僧支道林居之，与冯怀、刘系之为友。宋释平、僧饶，齐释法安俱出家于此。慧光、昙凭、慧芬、智靖亦住持之杰出者也。寺有般若台、丈八无量寿佛像。"

需提及的是，浦口城东门外一里处也有过一座白马寺。此寺始建于明永乐年间，山环泉绕，环境幽静。明成化十九年（1483），名士陈献章与当地学者庄昶、石淮、晏谦来游，夜宿白马寺。他们在寺中切磋理学，诗兴大发，你吟我诵，唱和诗文，联句成五言律诗一首。兴之所至，陈献章挥毫狂草，一气呵成，将这首联句五言律诗笔墨于纸上，后又将其刻石送寺主。此《白马寺联句草书碑》亦可堪称标新立异之作。

浦口的白马寺现也不存,但碑刻犹在,置于求雨山林散之纪念馆白马亭内。当代书法家林散之生前对之评价极高,认为是中国书法艺术宝库中的罕见珍品,大家如有兴趣,可前往鉴赏。

# 东床坦腹

郗太博在京口,遣门生与王丞相书,求女婿。丞相语郗信:"君往东厢,任意选之。"门生归,白郗曰:"王家诸郎,亦皆可嘉,闻来觅婿,咸自矜持。唯有一郎,在床上坦腹卧,如不闻。"郗公云:"正此好。"访之,乃是逸少,因嫁女与焉。

——南朝宋·刘义庆《世说新语·雅量》

这是东晋高官郗鉴(太博)择王羲之为女婿的佳话,引出了成语"东床坦腹",意指不入世俗、才能出众的女婿,是对女婿的美称,简作"东床"。"东床坦腹",也说成"东床快婿""东床娇客""东床娇婿"或"东床姣婿"。如,元李好古《张生煮海》第三折:"东海龙神着老僧来做媒,招你为东床娇客。"《金瓶梅词话》第二十回:"东床娇婿实堪怜,况遇青春美少年。"《红楼梦》第七十九回:"贾赦见是世交子侄,且人品家当都相称合,遂择为东床娇婿。"

郗鉴,晋元帝时就被封为龙骧将军兼兖州刺史,后官至太尉,地位仅次丞相王导。他有个女儿,容貌出众,视为掌上明珠,一心想为女儿找个门当户对的如意郎君。当时他住在京口(镇江),就派人携信到建康向王导提亲。王导见信后对来人说:"这好办,我家的子侄很多,可以上我那里挑选。"郗鉴又派管家前往王导的府上拜访。王导的众子侄听说有人来提亲,个个都打扮一番出来相见,唯有王导其中一个侄子,叫王羲之,若无其事地一个人在东院书房内,不出来见面。管家看到他时,他正仰卧在床上,还敞开衣服露出肚皮。管家回京口后,将看到的情况原原本本说给郗鉴听。郗鉴听毕笑着说:"这小子有个性,就是他了。"后来,郗鉴亲自上门来,见到文雅大方、毫不做作的王羲之,当场下了定礼,将其择为快婿。

据说,王羲之娶了郗鉴的女儿后,夫妻恩爱无比,对岳父郗鉴也孝敬有加。郗鉴死后的丧事是王羲之一手操办的,还为其撰写了流传千古的碑文。

成语"东床坦腹"摄自乌龙潭公园原浮雕

# 入木三分

"晋帝时,祭北郊,更祝版,工人削之,笔入木三分。"

——唐·张怀瓘《书断·王羲之》

"入木三分"的故事发生在建康(南京)北边的覆舟山上。相传,东晋时期某年夏至,元帝司马睿要在此举行祭地大典,古代有"父天而母地"的说法。王羲之负责在木板上书写祭文,也叫祝祷词,当时称为"祝版"。更新祝版时,匠人先得削去他早前的手书。木板削了一层又一层,王羲之的墨迹仍然可见,直到削去三分的厚度,方才见底。司马睿见后不禁赞叹道:"右军将军的字,真是入木三分呀!""入木三分",用来形容书法笔力遒劲,后又引申为比喻见解十分深刻、贴切。

王羲之(303~361),字逸少,东晋著名书法家,享有"书圣"美誉,因曾官拜右将军,故也称王右军。他的书法博采众长,笔势俊明,体势流畅,可谓冠古绝今,这除了他天资聪慧外,主要还是因为后天勤奋刻苦所致。据说,王羲之小时候为了把字练好,时常去紫金山静坐,揣摩笔法,手指头不自觉地在衣襟上比划着,日子长了,竟然连身上的衣服都给划破了。一次,他练字忘了吃饭,家人把饭送到书房,他

**小九华山的三藏塔及玄奘铜像**

却误将毛笔塞进嘴里嚼了起来,当反应过来时,已是满嘴墨汁。平日里,他时常冲着戏水的大白鹅发呆,从鹅优雅的姿态上领悟运笔的道理。他常用池塘里的水磨墨洗砚,后来整个池塘的水都变黑了,唐朝的曾巩因倾慕他的勤奋而写下了著名的散文《墨池记》。

功夫不负有心人,王羲之的书法作品越来越畅销了。一个老婆婆因为竹扇卖不出去而着急,他随意在每把扇面上龙飞凤舞地写上几笔,集上的人便抢着去买。他为杭州的一家当铺写下一个很大的'当'字,杭州的当铺竟全国闻名。他的书法作品《兰亭集序》,号称"天下第一行书",后人评曰:"飘若游云,矫若惊龙。"其中的二十多个"之"字,写法各不相同。传说唐太宗李世民对《兰亭集序》十分珍爱,死时将其殉葬昭陵。

司马睿祭地的"覆舟山",就是现在的九华山,列入1983年评的"金陵新四十景"名录,题为"九华丹青"。九华山,因状如覆舟古称覆舟山,又因山南麓曾建小九华寺,亦名小九华山。它位于城东北,北接明城墙,毗邻玄武湖、鸡鸣寺,风景绝佳。此山曾是南朝皇家园林"乐游苑"。李白诗句"独上高楼望吴越"中的"高楼"亦建于"覆舟山"。山巅有一砖塔,五级四面,塔内莲花座下藏玄奘法师顶骨舍利,故名三藏塔。2001年在塔的下方修玄奘寺,使其美丽风光又添人文色彩。

# 管中窥豹 拂衣而去

> 门生辈轻小儿，乃曰："此郎亦管中窥豹，时见一斑。"子敬瞋目曰："远惭荀奉倩，近愧刘真长。"遂拂衣而去。
> ——南朝宋·刘义庆《世说新语·方正》

"管中窥豹"，说的是王献之小时候的轶事。王献之为王羲之的第七个儿子，小的时候常混在父亲的门生之间，遇到事情要争着发表自己的看法。门生欺他是个小屁孩，说他只能偷偷地从管子里看豹子，看到的只是豹身上的几个斑。这个成语用来比喻所见狭小，看不全面。类似"管中窥豹"说法的还有很多，如"管窥之见""管见所及""管窥蠡测""管中窥天""以管窥天"等。

"拂衣而去"，说的是王献之面对大人们的鄙视，十分生气，便引经弄典，借用曹魏时期的荀奉倩和当朝的刘真长，以相形惭愧来表示不愿再与鄙视自己的大人在一起。荀奉倩和刘真长均为不与俗人交往的名士。王献之说罢，便一甩衣袖走开了。"拂衣"，甩衣袖的意思。"拂衣而去"，亦作"拂袖而起""拂袖而去"，意为因言语不和或不如意而离去。

王献之（344～386），字子敬，小名官奴，初任秘书郎，后官至中书令，人称"王大令"。

其书各体皆精,尤以行草擅长,"执行草之权"。他在继承其父王羲之的基础上,进一步改变了当下古拙的书风,多用外拓笔法,书风流美、诡谲,被称为"破体",从而为魏晋风韵开拓出新的书法样式和境界。其代表作有《鸭头丸帖》《中秋帖》等。他的成就赢得了与王羲之并列的艺术地位,世称"二王"。

　　王献之年轻时风流倜傥,在桃叶渡迎送爱妾桃叶留下佳话。桃叶渡,位于内秦淮与青溪合流处,因此而得名。桃叶还有个妹妹,叫桃根。姐妹之间与王献之关系十分融洽。王献之非常宠爱桃叶,不放心她独自渡河,总要到渡口迎送,还"缘于笃爱,所以歌之",写下三首《桃叶歌》,后收进《古今乐录》。《隋书·五行志》收录了其中的第三首:"桃叶复桃叶,渡江不用楫。但渡无所苦,我自迎接汝。"前二首这里也一并录下,以飨读者:"桃叶映红花,无风自婀娜。

桃叶渡

春花映何限?感郎独采我。""桃叶复桃叶,桃树连桃根。相怜两乐事,独使我殷勤。"

桃叶渡佳话代代流传。唐代诗人李商隐诗云:"当时欢向掌中销,桃叶桃根双姊妹。"宋代辛弃疾、吴文英、姜夔等词人皆游桃叶渡并赋词,使其名声大振。明代桃花渡为金陵十八景之一,有明人诗曰:"旧京风物在,良夜泛舟时。古渡无桃叶,新歌有竹枝。"清代将其列入金陵四十八景名录,清代还有画家画了《桃叶桃根》画像。

20世纪90年代,修复了桃叶渡古渡遗址。渡口两岸立有王献之和桃叶隔河相望的塑像。

# 东山再起　矫情镇物

谢公在东山,朝命屡降而不动。后出为桓宣武司马,将发新亭,朝士咸出瞻送。高灵时为中丞,亦往相祖;先时多少饮酒,因倚如醉,戏曰:"卿屡违朝旨,高卧东山,诸人每相与言:'安石不肯出,将如苍生何?'今亦苍生将如卿何?"谢笑而不答。

——南朝宋·刘义庆《世说新语·排调》

既罢,还内,过户限,心喜甚,不觉屐齿之折,其矫情镇物如此也。

——《晋书·谢安传》

"东山再起",是一则常用的成语,意思是失势后复起,重新得势。这缘于东晋时期继王导之后又一位杰出的丞相谢安的故事。

谢安(320～385),字安石,陈郡阳夏(今河南太康)人,士族出身。他学识渊博,淡泊名利,不愿为官,躲进会稽(今绍兴)东山,与王羲之等名士游山玩水,吟诗谈文。朝廷多次委其官职,均遭婉拒。他40余岁始出仕,应征西大将军桓温之请出任司马一职。当谢安从建康新亭出发赴任时,许多人都来送行。中丞高崧借着酒意调侃他:"你多次违背朝廷旨意,

谢安（清殿藏本）

躺在东山上逍遥自在。大家常在一起议论，你不肯出山，究竟是如何看待天下百姓的？现在你又出山，天下百姓又会如何看待你？"谢安笑而不答。

其实，这一回还算不上谢安的"东山再起"。他没多久就辞去职务，在城东三十里处的一座山上建别墅居住。此山原叫土山，被谢安重新命名东山，也就现在的江宁东山。至于他为何将它改称东山，是随他的号，还是怀念在会稽东山隐居的日子，就不得而知了。

谢安因在士大夫中有很高名望，顶不住各方压力，方从江宁东山再度出山，孝武帝时位至宰相，又接替桓温掌管了军政大权，设邸乌衣巷，这才是名副其实的"东山再起"。

值得一提的是，我国古代军事史上著名的

以少胜多的"淝水之战",就是谢安坐镇在东山别墅指挥的,这就要说到成语"矫情镇物"了。"矫情镇物",意为不露真情,故作镇静。

话说太元八年(383),前秦苻坚率87万大军挥戈南下,"京师震恐"、失魂,而宰相谢安镇定自若,邀请至亲好友到东山别墅下棋取乐,还以别墅做赌注,以此来安定民心。其实,他私下里早以"指授将帅",派遣其弟谢石、其侄谢玄、其儿谢琰等"各当其任",以仅有的8万北府兵,采取"风声鹤唳、草木皆兵"的诱敌移动之计,大胜"淝水之战"。

当"淝水之战"胜利捷报传到京城时,谢安还在东山别墅与客人下棋。他看完战报,不动声色,继续举棋落子。客人询问战况,他轻描淡写地说:"小儿辈遂已破贼。"待送走客人,他迸发出心中的喜悦,回房间跨门槛时,连脚

谢公祠

上木屐的鞋跟碰断了都全然不知。他刚刚在客人面前,真能沉得住气,可谓"矫情镇物"呀。

如今江宁的东山,有后人复建的谢公祠,东山西麓存有一井,人称谢公井。

# 入幕之宾

"郗生可谓入幕宾也。"

——南朝宋·刘义庆《世说新语·雅量》

谢安与王坦之尝诣温论事,温令超帐中卧听之。风动帐开,安笑曰:"郗生可谓入幕之宾矣。"

——唐·房玄龄等《晋书·郗超传》

"入幕宾"或"入幕之宾",是一语双关的金句。说的是桓温手下的郗超,躲在帐幕后偷听谢安与桓温的对话。风吹帐开,将郗超暴露了出来。谢安就此笑称郗超是"入幕之宾"。郗超,小字嘉宾。故"宾"字既指来宾,也说郗超。"幕"字亦有双重含义。"入幕之宾"后泛指参与机密的幕僚。

历史上的"入幕之宾",涉及一起重大的政治事件,发生的地点就在建康的新亭。

事件中的桓温,就是当年将谢安从会稽东山请出山的西征大将军。这位将军,曾数次率军北伐,战绩辉煌,势力越来越大,政治野心也越来越大,甚至欲挟天子以令诸侯,他曾对亲信说过:"男子汉如不能流芳百世,不妨就遗臭万年。"

太和六年(371),桓温为树权威,带军队入京师,逼褚太后废黜司马奕,改立会稽王司马昱为帝,群臣敢怒不敢言。咸安二年(372),简文帝司马昱病危,宣布立司马曜为太子,并草拟遗诏,许诺桓温按周公辅成王之典故主持朝政,还默认桓温可废太子,取而代之。侍中王坦之气愤不过,当场撕毁诏书,据理力争。简文帝遂改遗诏,不久崩。众臣未等桓温回朝,立太子司马曜即位,是为晋武帝。而桓温,本以为简文帝死后会禅位于他,至少也可以摄政,未想到事与愿违,十分恼怒,再次杀气腾腾来到建康。谢安、王坦之等则在新亭迎候。这才有了"入幕之宾"的好戏开场。

应该说,当时新亭的场面十分危急,因在

桓温书法《大事帖》

此前京城盛传桓温会杀了谢、王,夺权篡位。桓温确也在双方会谈时布下重兵,又让郗超躲于帐幕后窃听,以便暗中帮拿主意。那一刻,王坦之紧张得汗流湿衣,连笏板都拿倒了;谢安则深知晋室存亡在此一举,表现得镇静自如,从容就席。谢安对桓温说:我听说诸侯有道,守在四邻,你何需在墙后埋伏人马呢?桓温无奈笑答,不得不如此,并命左右撤下。这时恰好一阵风卷起帐幕,把郗超"掀"了出来。谢安以"入幕之宾"的一语双关,化解了郗超的尴尬。席间,谢安自始至终谈笑自若,答对得体,使得气氛越来越缓和。其结果,晋室朝廷安然无事。

新亭,继"新亭对泣"之后,再一次在"入幕之宾"中扮演了重要角色。

# 行不由西州路

羊昙者,太山人,知名士也。为安所爱重,安薨后,辍乐弥年,行不由西州路。

——唐·房玄龄等《晋书·谢安传》

"行不由西州路",旧时为感怀兴悲、悼亡故人之情的代名词。现在这则成语已少有人用。其实,它的故事还是相当经典的。有当代诗人柳亚子《十月二十九日重过曾家岩有作示乔木》为证,诗中"马策西州今日泪,翻教谢傅哭羊昙"两句,就是这一情感的宣泄。

"行不由西州路",说的是东晋丞相谢安联手王坦之在新亭化解了恒温篡权危机,又在东山指挥"淝水之战"大胜,还亲自主持了建康宫城的大规模翻造扩建,奠定了整个南朝宫城的基础,可谓对朝廷忠心不二,劳苦功高。可是,后来他遭佞臣构陷,被迫举家迁往广陵(今扬州),郁愤染病。再后,孝武帝下诏请谢安回京。谢安在外甥羊昙陪伴下,从西州门进城。刚入城,谢安就感到浑身不适,倒在了地上,他临死前对羊昙说:"这西州门是我的生命终点了。"羊昙抚尸大哭,他将舅舅在京城安葬好后,几年不再唱歌及行乐,外出也"行不由西州路",怕旧景重现。

羊昙是一位当代名士,才华出众,尤擅长

半山园

唱歌,与歌唱家恒伊、袁山松被公认为"三绝"。谢安对羊昙很是钟爱,也喜欢音乐,舅甥俩的感情之深可想而知。此外,还有一个著名的典故:有一次,羊昙喝得酩酊大醉,骑在马上一路高歌,不自不觉来到了西州门。侍从提示他,这是西州门呀。他猛然醒来,恸哭不已,马策扣扉,大呼曹子建"生存华屋处,零落归山丘"诗句,跌撞离去。前面提到柳亚子诗中的"马策西州",说的就是这事。"马策西州",未收入《中国成语大辞典》,其实也应列为成语,它与"行不由西州路",有着同工异曲之意。

有人或许会问:羊昙将谢安葬于何处?现有三种说法。一说是在明故宫东北的半山园。半山园是宋代王安石的故居,相传古为谢玄及其子孙的住所。王安石曾有"争墩"诗云:"我名公字(谢安,字安石)偶相同,我屋公墩在眼中。公去我来墩属我,不应墩姓尚随公。"第二说是在冶城，也就是今朝天宫冶山之巅西北角。唐代李白有诗句"冶城访古迹，犹有谢公墩。"第三说是据《秣陵集》记载"在冶城北二里"，即今五台山永庆寺遗址附近。虽有几种说法，但谢公墩已难寻觅。

有人或许还会问：西州又在何处呢？查有关资料，东晋的建康城，南有宣阳、开阳、清明、陵阳4门；北有广莫、延熹、玄武、大夏4门；东有建春、清阳2门；西有西明、闾阖2门，并未出现西州门之说。再查，找到了西州城，此城为晋元帝时始建，城周三里，初立时既无城垣，也未设篱门，为扬州刺史治所。它坐落在今清凉山附近的望仙桥一带，后刺史治所迁往台城西。当年谢安及羊昙是从广陵渡江过来的，从西州入城顺理成章。清凉山一带，可谓古迹繁多呀。

思念吾舅！

# 一往情深

桓子野每闻清歌,辄唤"奈何!"谢公闻之曰:"子野可谓一往有深情。"

——南朝宋·刘义庆《世说新语·任诞》

这讲的是,东晋有位对音乐痴迷的人叫桓伊,字叔夏,小字子野,擅长吹笛,人称"江左第一"。他也很会欣赏音乐,每当听到优美的歌声,就情不自禁地自语:"怎么办呀!怎么办是好呀!"谢安得知后,感叹道:"子野对音乐的感情是发自内心的,可谓是一往情深。"后人用"一往情深"来表示对人和物的感情始终深挚、强烈。

桓伊曾任淮南太守、西中郎将、豫州刺史等职,与谢玄、谢琰等参加淝水之战,立下战

夫子庙文化墙上的谢安(左)浮雕

**夫子庙秦淮画舫**

功后被封为右军将军。他善政务、军事，而且人品很好，从不居功自傲。有一次，他乘车外出，车在秦淮河岸上行走，碰上河边停泊的王羲之儿子王徽之的画舫。王徽之与桓伊素不相识，但知道桓伊的笛子吹得好，名扬天下，他让手下人上岸迎上去，征求桓伊的意见，能否现场吹奏一曲。桓伊当时已是高官，得知王徽之想听，二话没说，从车上下来，一连吹笛三曲，再上车离去。从这件事可以看出，桓伊有很高的音乐修养，而且其为人谦和、宽容和大度。

难怪谢安会对桓伊有"一往情深"的点评，不仅仅是评价桓伊对音乐的酷爱，恐怕还有对他人品的赞赏。

# 不可理喻

此乃未喻由于求己,非为无理可喻也。
——唐·道宣《广弘明集》第十八卷

这是东晋画家、雕刻家戴逵在《答周居士难释疑论》中的一段话,意思是:之所以没有阐明其中的道理,是因为努力克制自己不去讲,而不是没有道理可讲。"不可理喻"即从"无理可喻"演变而来,也作"莫可理喻""难以理喻",用来形容无法用讲道理的方法使对方明白。

戴逵(约326~396),字安道,不仅善画,还是位哲学家。他对佛教"因果报应"之说持反对意见,继承和发展了汉魏以来形神一元论

瓦官寺(重建)内的五方佛

的传统，是无神论思想的先驱者之一。他曾与高僧慧远等进行过多次辩论，并撰写《释疑论》，阐明自己的观点。这些论说因道宣收入《广弘明集》方得以流传。有意思的是，他虽然不信佛，却是位雕塑佛像的大师。《宋书·戴颙传》中评价他："自汉世始有佛像，形制未工，逵特善其事。"他在塑佛的技法表现上，不拘泥于印度传入的佛像样式，而是创造出为大众易于接受的中国式佛教雕塑。他倾十年精力，与其子戴颙制作了五尊铜佛像，被收入历史上著名的瓦官寺内，与狮子国（今斯里兰卡）所贡白玉佛像及顾恺之所画《维摩诘图》，合称"三绝"。

瓦官寺，位于城南中华门西花露岗，其址原为丞相王导所置主管陶器作坊的陶官。晋哀帝兴宁二年（364）诏移陶官于淮水之北，遂以陶地赐僧人慧力建寺，即瓦官寺。该寺曾改称吴兴寺、升元寺、丛桂庵、凤游寺等，几毁几建，城南至今仍保留有凤游寺这一街名。现在的瓦官寺系 2003 年重建。

# 大笔如椽

珣梦人以大笔如椽与之,既觉,语人云:"此当有大手笔事。"俄而帝崩,哀册谥议,皆珣所草。

——唐·房玄龄等《晋书·王珣传》

成语"大笔如椽",亦作"如椽大笔",原本用来夸赞他人文笔雄健或文章大气,现多指写作大家或著名文章,亦可以用"大手笔"三个字来概括。"椽",指的是支撑屋顶的木料。

这位王珣做了个梦,有仙人将一支"如椽大笔"授予了他,清晨梦醒,他对人说:"看来会有大手笔的事情要我做了。"果不其然,没一会儿宫中传来噩耗,孝武帝驾崩,朝廷授

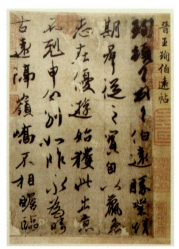

王珣书法《伯远帖》

命他负责起草颂扬武帝的"哀册""谥议"等，这些都是极为重要的文书，非一般人可以拟草，接受这样的使命，也是一件极有颜面的事，这正是王珣梦感的"大手笔"。

王珣（350～401），字元琳，小字法护，乃王导的孙子、王羲之的远房侄子。他早在弱冠时，便投到大司马桓温麾下做了属吏。桓温对王珣及谢安的侄子谢玄都非常看重，曾评价道：谢玄四十岁定会是拥旄杖节的大将，而王珣不待长白发就能位列三公。

桓温给予王珣这么高的评价是经过几次考察的。一次，桓府幕僚正在议事，桓温有意骑马冲入大厅，幕僚们个个惊慌失措，四散开去，只有王珣镇定自若，面不改色。还有一次，桓温故意让人偷走王珣准备好的汇报材料，王珣发现稿子丢了，一点也不着急，轮到他发言时，依然口若悬河，条理清楚。桓温悄悄拿出他的文稿比对，发现虽没有一句话雷同，但内容精准吻合。经过考验，桓温更加倚重王珣了，封其为东亭侯，拜大司马参军。

好事多磨。随着桓温图谋篡权失势并病死，王珣的仕途亦多经波折，仅当了几年秘书监，也就是皇家图书馆馆长。直至被晋孝武帝赏识，才擢其为侍中，又转任辅国将军、吴国内史，累迁尚书左仆射。王珣身为宰辅，且"大笔如椽"，为孝武帝身后树碑立传，当是不二人选。

王珣"大笔如椽",不仅文笔非凡,书法也了不得,可与王羲之、王献之父子比肩。王珣的代表作《伯远帖》与王羲之的《快雪时晴帖》、王献之的《中秋帖》一并被清朝乾隆皇帝视为"三希",并设"三希堂"珍藏。王羲之、王献之的两幅书法,皆为后世书家摹本,唯有《伯远帖》是王珣的真迹,这也是东晋琅琊王氏大家唯一保留至今的书法作品。

《伯远帖》是王珣写给亲友伯远书信的首页,纵25.1厘米,横17.2厘米,仅存录47个字。该帖书迹俊逸流畅,劲健灵动,东晋王氏书法风流尽显,且有乾隆御题玺章,还有多位明清书画大家的绘图题记,堪称绝世瑰宝。《伯远帖》后从宫廷流散在外,直至1950年方现身香港,被周恩来总理指示以重金购回。现《伯远帖》收藏于故宫博物院,被列为镇院之宝。

# 后起之秀

范豫章谓王荆州:"卿风流俊望,真后来之秀。"

——南朝宋·刘义庆《世说新语·赏誉》

范豫章是东晋武帝时期的官员,姓范名宁,字武子,曾做过中书侍郎,后因直言不讳获罪,被贬为豫章太守,人称范豫章。王荆州,姓王名忱,是范宁的外甥,聪明好学,三十岁不到就升任荆州刺史,人称王荆州。

范宁对王忱说:"你风流倜傥,富有智慧,真是后辈中的杰出人才呀!""后起之秀"即出于此,亦作"后来之秀""后来之英""后进之秀",用来比喻晚辈中才能杰出的人。

范宁对王忱的这番"赏誉"事出有因,在《晋书·王忱传》中有记载,说的是:

范宁是位官员,也是位著名的经济学家。他在建康(南京)的家中往往是高朋满座,来的都是社会名流。他十分赏识外甥王忱的才学,常常将外甥带在身边,让其参加家里的社交活动,以增长见识。

一次,吴中(苏州)的张玄来范宁家做客,王忱也在座。范宁就叫王忱与张玄交谈一番。张玄早就听说王忱学识不凡,于是就正襟危坐地等着对方来招呼他,而王忱看不惯对方的做作,始终一言不发,使得对方讨个没趣,怏怏离去。待客人走后,范宁批评王忱:"张玄可称得上是吴中名人,你也太不给面子了吧。"王忱笑答:"他要是真心想交谈,就该专程来找我呀。"范宁觉得这话在理,也很欣赏王忱的个性,这才发出"后起之秀"的感慨。张玄得知后,专程登门造访了王忱,后来他俩成为无话不谈的好友。

至于后来之事,王忱果为"后起之秀",升任至建武将军。不过,他饱受"魏晋风俗"影响,自恃才高,改不掉"名士作风",最后沦为酒徒,有伤体统,弃官回家。

# 盲人瞎马 咄咄逼人

殷有一参军在坐,云:"盲人骑瞎马,夜半临深池。"殷曰:"咄咄逼人!"

——南朝宋·刘义庆《世说新语·排调》

"盲人瞎马",用来形容盲目乱闯的危险行为。"咄咄逼人",则是形容气势汹汹,盛气凌人。这两则成语缘于东晋几位名士的一场清谈。

名士殷仲堪,写得一手好文章,擅长史学研究,且善清谈。清谈源于东汉末品评人物之清议,发展到魏晋,逐渐转为辨析以《周易》《老子》《庄子》"三玄"为主的抽象玄理。有一日,他邀请顾恺之、桓玄两位好友来府上煮茶清谈。清谈之间,他们玩起了文字游戏。游戏的内容是当时流行的"了语"和"危语"。所谓"了语",要求一句话把事情说了结;"危语"则是用一句话把事情说完蛋。

"了语"的游戏由顾恺之打头。他开首道:"火烧平原无遗燎",意思是烧得彻底不留丁点火星;桓玄接过来说:"白布缠棺竖旒旐",意思是人死装进了棺木;殷仲堪收尾云:"投鱼深渊放飞鸟",意思是一去不复返。此番,三人平手,不分胜负。接着他们又玩起了"危语"游戏。这一回由桓玄起头:"矛头淅米剑头炊",

意思是在长矛尖上淘米、在宝剑尖上煮饭,那还不"危"?殷仲堪接住:"百岁老翁攀枯枝",顾恺之收之:"井上辘轳卧婴儿"。这哥仨如此"危语",已玩得全然不顾尊老爱幼了。看来,第二回合又得打平手。不料,就在三人开心不已的时候,在一旁侧听的无名参军忍不住插了句"危语":"盲人骑瞎马,夜半临深池。""盲人"加"瞎马"加"夜半"再加"深池",可谓危之又危了。真是没有最危险的,只有更危险的。"盲人瞎马"一出口,把洋洋自得的三位大佬都给喧住了,说实在的,这位参军的"危语",非常出彩。只不过,它让三位主客扫了兴,尤其是戳到了主人公殷仲堪的痛处。

原来,殷仲堪是东晋著名的大孝子。他在侍奉其父服药时,不慎用手擦拭眼泪,导致弄

描绘魏晋名士的《高逸图》(唐人绘)

瞎了一只眼。在古语中,"盲"为双目失明,而"瞎"指单目失明。"盲人瞎马",不是不拿殷仲堪当人看了吗?这位无名参军一冲动,说了句上好的"危语",却忘掉了上司的痛点,后悔不及,在场的气氛自然十分不自在,还是殷仲堪用一语双关的自嘲给圆了场,他说道:"你的这个'危语',真是咄咄逼人啊!"

需补白的是,殷仲堪后因不满桓玄权诈,与之反目,被其所逼自尽。殷仲堪死后,其子殷简之居住在墓侧守孝,待刘裕讨伐桓玄时,率家童门客跟随追击。桓玄死后,殷简之生啖其肉,终报父仇。也就是说,他们三人中,殷仲堪、桓玄两权臣均跌入"盲人瞎马"的危境而致死;唯有顾恺之,以"痴绝"绘画艺术游刃于权贵之间,得以善终。

# 渐入佳境

**恺之每食甘蔗,恒自尾至本。人或怪之。云:"渐入佳境。"**

——唐·房玄龄《晋书·顾恺之传》

成语"渐入佳境",比喻兴趣逐渐浓厚或境况变得越来越好。这个成语被人广为使用,但恐怕不会想到是出自东晋大画家顾恺之之口,而且不是他搞艺术悟得的,是吃甘蔗吃出来的。

顾恺之(约345~409),无锡人,官至散骑常侍。他虽说官做得不大,但艺术造诣高深,绘画水平堪称惊世。唐代房玄龄在为顾恺之作传时,记录了这么一则轶事:顾恺之每次吃甘蔗,总是从末梢吃起,慢慢吃到根部。这与一般人先挑最甜的根部吃不一样。大家觉得奇怪,问他为何这么个吃法?他说,这么吃可以越吃越甜,渐入佳境。

顾恺之一向以"才绝、痴绝、画绝"著称,他的画风富有个性,笔迹周密,形成独特的"密体",尤其擅长人物肖像画。他画人物十分讲究形态传神,特别注重点"睛"。古代著名的《女史箴图》《洛神赋图》《列女仁智图》等均为他的代表作,现存的是唐宋摹本。

在成语"不可理喻"中,提到了东晋雕塑家戴逵为瓦官寺制作的五尊佛像,与狮子国(今斯里兰卡）所贡白玉佛像、顾恺之所画《维摩诘示疾》图合称"三绝"。说到顾恺之的这"一绝",《景定建康志》引《京师寺记》记述了这么一件事：瓦官寺落成，邀请社会名流行善施舍。虽捐者络绎，然皆不过十万。顾恺之闻之，赴寺一口气认捐百万。寺僧劝其量力而行，他则表示决无戏言，并要求给他留下寺内一堵粉墙。接下来他"遂闭户往来，一百余日"，终在粉墙上绘出《维摩诘示疾》。令人不解的是，画像虽完成，但画中人物的眼眸尚留白。顾恺之请寺庙张榜：凡首日观画像者请捐十万，次日捐五万，第三日则随意布施。但见首日，他当众为画像中的人物点睛，顿时整幅画像神采飞扬，满寺生辉。为此，捐资者众，很快就突破了百万。

有关瓦官寺已做过交代，与之相联系的是相邻的金粟庵。这座寺庙坐落在中华门门西的五福街上，原为一小茅庵，顾恺之绘制《维摩诘示疾》画时，曾在那里打过画稿。因佛典称维摩诘居士是金粟如来转世，为此，后在茅庵旧址上盖起的寺院被称作了金粟庵。要说明的是，所谓庵，最早指类似茅棚的小草屋，即所谓"结草为庵"，文人墨客书斋亦有称庵的，以后因建了一批专供佛徒尼姑居住的庵堂，庵似乎就成了尼姑出家行佛事之所的代称了。其实，金粟庵原本就是寺，据说为晚清时建，1993年予以重新修复。

**金粟庵**

当年顾恺之在茅庵所绘的画稿,一度流传了出去。唐代黄元之曾欣赏到了画稿,评价顾恺之所绘维摩诘的形象是"目若将视,眉如忽颦,口无言而似言,鬓不动而疑动"。诗人杜甫也曾得到朋友赠送的画稿临摹本,甚是喜欢,有诗为证:"看画曾饥渴,追踪恨森茫。虎头金粟影,神妙独难忘。"诗中的"虎头",指的就是顾恺之。顾恺之,字长康,小字虎头,时人昵称"顾虎头"。

而今欲追踪大画家顾恺之的踪影,可去瓦官寺、金粟庵那里,进个香、许个愿,默默地去体会"渐入佳境"。相传顾恺之在瓦官寺附近亦有私宅,因他常在私宅的阁楼上潜心作画,其住所也就被称作了"顾楼"。私宅门前的小巷则被叫做"顾楼街"。1600多年过去了,"顾楼街"这一地名尚存。

# 握拳透爪

其后盗发壶墓,尸僵,鬓发苍白,面如生,两手悉拳,爪甲穿达手背。

——唐·房玄龄等《晋书·卞壶传》

成语"握拳透爪",又作"握拳透掌",指紧握拳头,手指甲穿过掌心,形容悲愤至极。这缘于古代的一次盗墓事件。

东晋末年,有盗墓者掘开卞壶(kǔn)墓,发现墓主人尽管尸体僵硬,但脸部如生,呈怒状,头发苍白,两手握紧拳头,长出的指甲竟穿过手掌。盗墓者见了大为吃惊,一时弄不明白卞壶何以死前如此悲愤,故落荒而逃。

卞壶(281～328),字望之,济阴冤句(今

御赐全节牌坊

山东曹县西北）人，家世官宦，少成名，为"兖州八伯"之"裁伯"。他在永嘉年间袭父爵成阳公，后随司马睿移镇建邺（今南京），召为从事中郎，委以官员选拔之责。之后，历任太子中庶子、太子詹事、御史中丞、吏部尚书等职。在晋明帝病重时，他与司徒王导同受顾命；又在成帝即位后，与中书令庾亮共掌机要，累事三朝。他为人刚正，不畏强权，不遗余力维护纲纪，深受朝廷宠信。

咸和三年（328），历阳（今安徽和县）内史苏峻叛乱，攻占建康。这个苏峻原为鹰扬将军，因平叛王敦之乱有功，升任冠军将军、历阳内史，封邵陵公。成帝年少即位，庾亮担心苏峻重兵在握，对朝廷构成威胁，欲招之入京任大司农，以削其兵权。苏峻闻讯而叛，率兵2万渡横江（和县渡口），驻陵口（采石矶东北），再取道小丹阳攻城。卞壶领兵在西陵与叛军交火受挫，死伤数以千计。苏峻乘胜攻打青溪栅。卞壶当时已有背伤，不得不冒死苦战，力尽阵亡。他的两个儿子随父抗战，亦先后战死。这场反叛之战如此惨烈，又以失守作结，可以想象卞壶必死不瞑目、"握拳透爪"了。

苏峻叛乱平息后，朝廷"赠壶侍中、骠骑将军、开府仪同三司，谥曰忠贞，祠以太牢"，葬于冶城。东晋末年卞壶墓被盗后，安帝随即下诏"给钱十万"，予以重修。而后历代对其均有修葺。北宋庆历三年（1043）江宁知府叶清臣立石碣，上刻"晋尚书令假节领将军赠侍中骠骑将军咸阳卞公墓"；南唐时，在墓前建忠贞亭；明代永乐年间，将墓侧古井立为忠孝泉；清代道光年间，两江总督陶澍立墓碑，碑上刻有"三十八世孙文起、文焕、文禄监造"；清代还建全节坊。

2017年，在朝天宫西侧广场新立卞壸铜像，以纪念之。卞壸墓碣，墓碑等文物，现均保存在冶城朝天宫。

冶城，始建于春秋末年，并非是城邑，仅在今朝天宫后山围土墙的"百工"作坊，系吴王夫差为铸造兵器所设，山亦称"冶山"或"冶城山"。东晋初，王导改冶城为西园。孝武帝时在西园建寺，名冶城寺。桓玄入建康，废寺为别苑。后历代更变，至明洪武年间修为朝天宫，是大典前净身、习仪之所。该建筑在太平天国时期被烧毁，同治五年（1866）重建，并在此置江宁府学。现在的朝天宫设为南京市博物馆。

# 南朝篇

NANCHAO

龙行虎步　天上麒麟

日出三竿　澄江如练

# 小引:南朝建康

**石头小子**:南朝,是指东晋之后,在建康(南京)相继建立的宋、齐、梁、陈四个皇朝,历时170年。

**莫愁女孩**:东晋,延伸到南朝,是南京城市发展的黄金时代。在那个时代,随着大批贵族、文士、艺匠避难南迁,文化中心亦由中原南移到了南京,南京成为了中国的第一大城市。

**石头小子**:南朝宋临川王刘义庆编著的《世说新语》,是一部以记述人物轶事为主的"志人小说",其中的内容,有不少与南京直接相关,而今在金陵名胜中还能找到印迹呢。

**莫愁女孩**:《世说新语》中"出生"的成语有很多,也有许多与历史人物有关,在"东吴篇"、"东晋篇"中已有不少,《世说新语》还真是"成语"的孵化器。

**石头小子**:南朝的巨著还有许多,如萧统《文选》、刘勰《文心雕龙》、钟嵘《诗品》等,其中也都"出生"有成语。

**莫愁女孩**:南朝的南京,活脱脱是个成语世界。

# 龙行虎步

"刘讳龙行虎步,视瞻不凡,恐不为人下,宜蚤为其所。"

——南朝梁·沈约《宋书·本纪·武帝上》

成语"龙行虎步",原形容帝王的仪态非同一般,后比喻大人物的英姿飒爽。

话说东晋元兴元年(402),桓玄发兵东进,一举拿下建康,杀死了司马元显,自己取而代之。刘讳,也就是刘裕,审时度势,投奔桓玄,并屡建军功。桓玄的妻子杨氏善看相,多次对桓玄说:"刘裕这个人龙行虎步,不同凡响,恐怕不会甘心居人之下,应尽早除去,以免后患。"而桓玄则认为,自己要荡平中原,刘裕是能派上用场的,况且现在就将他除掉,也不合常理,应从长计议。实际上,杨氏看人是很准的。刘裕确为暂投桓玄以行韬晦,私下里联络了何无忌等在广陵(今扬州)、历阳(今和县)、京口(今镇江)等方面的力量,伺机平定"桓玄之乱"。

刘裕(363～422),字德舆,小字寄奴,彭城(今徐州)人,幼年家贫,后从军,为东晋北府兵下级将领,后升至建武将军、下邳太守等。元兴三年(404),刘裕以打猎为名聚集百余人,在京口杀掉恒玄堂兄恒修,拉开了平

刘裕（清人绘）

定"桓玄之乱"的序幕。广陵等地纷起响应，战火四起。恒玄见势不妙，挟持晋安帝轻舟逃逸。刘裕率兵进入建康，被推为盟主。"桓玄之乱"后，刘裕先后出任侍中、车骑将军、使持节、都督十六州军事、兖州刺史等，再以后，他全面控制了东晋军政大权，还两次出征，消灭了南燕及后秦，又击败卢循起义等，可谓功高震主。义熙十四年（418），刘裕受封为国相、宋公，加"九锡"，次年晋封宋王。

宋永初元年（420），晋恭帝逊位，刘裕称帝，国号宋，史称刘宋，是为南朝之始。

刘裕代晋建宋后，加强了中央集权，采取打击豪强、抑制兼并、奖掖儒学、开科取士等措施，促进了经济文化的发展。他在位3年，不喜奢华，生活崇尚节俭，宫中妃嫔亦少。刘裕卒于建康宫西殿，葬蒋山初宁陵，谥号武帝。

初宁陵，坐落于今南京东郊麒麟街道，现仅存一对东西相向的神兽石刻。东边的是双角天禄，身长 2.96 米、高 2.8 米、体围 3.13 米，虽已残缺，但仍举首挺胸，张嘴瞪目，雄赳赳气昂昂。西边的为独角麒麟，身长 3.18 米、残高 2.56 米、体围 3.21 米，也已缺损，尾亦无存，但体态凝重、古朴，有很高的艺术价值。这也是现存所有南朝陵墓石刻中年代最早的，很值得前往观赏。

南朝宋武帝刘裕陵的一对石麒麟

# 目光如炬 自毁长城

道济见收,愤怒气盛,目光如炬,俄尔间引饮一斛,乃脱帻投地,曰:"乃坏汝万里长城!"

——唐·李延寿《南史·檀道济传》

这里说的是,刘宋名将檀道济被皇命收监时,极为愤怒,眼珠瞪得圆圆的,发出火一样的光。过了一会儿,他缓过神来,让人取来一斛酒,一饮而尽,尔后扯下头巾摔在地上,激愤地说:"这是自己在毁掉自己的军队。"

这一段文字记载,产出了两则成语:"目光如炬"和"自毁长城",其中"自毁长城"应是最早将军队比作长城的。

檀道济,高平金乡(今山东金乡北)人,刘宋的开国元勋。他曾从刘裕攻后秦,为前锋入洛阳。刘裕建宋后,他任护军将军、散骑常侍,准许直入殿省,并封永修县公。永初三年(422),宋武帝刘裕病死,太子刘义符即位。这位宋少帝居丧时就与近侍嬉闹,毫无节制,他不理政事,大兴土木,挥霍无度,使得国库空虚。顾命大臣徐羡之等联络檀道济一道谋废帝另立,并付诸行动。群臣后以太后名义下诏,将刘义符废为营阳王,立宜都王刘义隆为帝。

刘义隆当上皇帝后,下诏以弑君之罪将徐羡之等人处置,而对檀道济既猜忌又敬重,未敢动他。檀道济兵权在握,手下将领个个身经百战，8个儿子亦皆有才干，具有很高的威望，连敌对的北魏也不得不让他三分。不久，文帝患病不愈，经不住左右蛊惑，决定要在生前搞掉檀道济，以免后患。有一天，文帝突然病重，急召檀道济入朝，正准备处置他时，病情又好转，于是让他返回住所。他尚未出发，文帝病势又开始加重。朝廷犹豫不决，遂将他以谋反叛逆罪名抓捕。檀道济有的是精忠报国的坚定信念，哪有什么谋逆之心呢？为此，他被捕时才会"目光如炬"，脱帻投地，发出"自毁长城"的怒吼。北魏听说檀道济被杀，大喜过望，饮酒庆贺："道济死了，剩下的这帮吴人没什么可畏惧的了。"果不其然，自毁了"长城"，朝廷也就没好日子过了。自此以后，北魏经常南侵骚扰，大有渡江灭宋之野心。

宋元嘉二十七年（450），北魏军队一直打到了瓜埠（今六合）。宋文帝登上石头城眺望，长叹一声道："假如道济在，何至于此呢？"

檀道济（明版画）

# 才高八斗

谢灵运曰:"天下才共一石,曹子建独得八斗,我得一斗,自古及今共用一斗。"

——明·张岱《夜航船》

南朝宋的大诗人谢灵运曾说:"假如将天下的才气汇为一石(十斗),那么曹植(子建)独占八斗,我占一斗,剩下的一斗,归天下自古至今有才的人。"

谢灵运说这样的话,似乎过于狂妄,有点大言不惭。不过,可以看出,他对曹操的儿子,以"七步成诗"著称的曹植钦佩不已。后人用"才高八斗"(也作"八斗之才")来比喻才华出众,非同凡响。

谢灵运(385~433),小字客儿,东晋名将谢玄之孙,少年时由会稽(今绍兴)迁入建康,居乌衣巷谢府,因袭爵康乐公,世称"谢康乐"。刘裕代晋后,谢家降为侯,谢灵运就任为永嘉太守、侍中、临川内史等职,后在朝廷内乱中以谋反罪问处。他一生确实自负才高,蔑视法度,在政治上失意后转而寄情山水,创作了大量的山水诗,开创了一代诗风,被尊为"山水诗派"之鼻祖。正因为如此,他才那么自信而高傲地称自己具有仅次于"才高八斗"的曹植的才气。其实,他说这话时,曹植早已作古,故而谢灵运意在表示当今世上已无人能出其右。同朝代的著名文学家鲍照形容他为"如初发芙蓉,自然可爱。"他的原有诗集已佚,明人辑有《谢康乐集》。他写建康的诗篇有《初发石首城》《邻里相送至方山》等。

# 厚颜无耻

**岂可使芳杜厚颜,薜荔蒙(一作"无")耻。**
——南朝齐·孔稚珪《北山移文》

芳杜、薜荔均为香草的名称。这段话的意思是:怎么可以让芳杜也得厚着脸皮,薜荔也得不顾羞耻呢?后人从"芳杜厚颜,薜荔蒙耻"引申出"厚颜无耻",亦作"厚颜无惭",表示脸皮厚,不知羞耻,任何不要脸的事情都做得出来。

孔稚珪在《北山移文》中写的这段话是有所指的。有个叫周颙的人,摆出一副不愿做官的架势,跑到北山隐居起来。一般说,隐居之士都是有本领的人,而周颙并无多大学问,隐居只不过是待价而沽,以谋取更高的官职。后来,周颙果然如愿以偿,当上了海盐令。他卸任后路过建康,又要光顾北山。孔稚珪得知后就撰写了《北山移文》,文中特别讲到,周颙心已投向朝廷,还要故作姿态地再游北山,真是厚颜无耻呀。文章在讥讽周珪的同时,也对社会上一帮追求名利、热衷往上爬的士大夫进行了有力的鞭笞。

周颙隐居的北山,就是钟山。钟山,古称金陵山,秦代称现名,后曾名蒋山、紫金山(简称金山)、北山、圣游山、神烈山等。有关钟山的情况已在"虎踞龙盘"条目中介绍,这里需补充的是,六朝时有不少名人隐居在钟山,如东晋的谢尚,南朝齐的朱应,南朝梁的阮孝绪等,当然,也出现了沽名钓誉的周颙。

钟山

# 步步莲花

又凿金为莲华以帖地,令潘妃行其上,曰:"此步步生莲华也。"

——唐·李延寿《南史·齐本纪下》

南齐皇帝萧宝卷(后被废,称东昏侯),纵情声色,荒淫无度,不仅用搜刮的民脂民膏在台城皇宫里大兴土木,还下令用黄金凿成莲花铺在地上,让宠爱的潘妃在上面行走,美其名"步步生莲华",这简直是腐败到了极顶。不过,由此而生的成语"步步莲花"(亦作"莲花步步")意思就变了,是形容女子步态轻盈,进而又引申到比喻渐入佳境。

南齐之初,齐高帝萧道成及齐武帝萧赜接受刘宋亡国的教训,出现了一段较为安定的时

台城

期。而到了齐明帝和东昏侯萧宝卷时期，腐败不堪，还陷入骨肉相残的内乱。公元502年，萧道成的族弟、雍州刺史萧衍夺取皇位，代齐建梁，自此，一代昏君萧宝卷被撵下历史舞台。

前面讲的用金莲花帖地的皇宫台城，并非现在的台城。南朝时期的皇宫，是在东吴、东晋宫址上建设的，叫建康宫，宫城名台城。综合各种文献资料，台城的范围北限应在北京东路南侧，南限于珠江路南的杨吴城濠，东限大致在太平北路以西，西限可达中山路的东侧。

现在的台城，实为解放门至九华山段的明城墙，与南朝皇宫台城并无多少干系，只不过，这段城墙前后的鸡笼山、九华山、玄武湖曾是那一时期的华林园、乐游苑、上林园等皇家园林，而今城墙又成为游览点，习惯上就称之为台城了。登临台城，可东眺钟山龙蟠苍翠，北瞰玄武湖十里烟柳，南观城内大厦林立，西览鸡鸣古刹胜迹。

# 寄人篱下 量体裁衣

丈夫当删诗书,制礼乐,何至因循寄人篱下?

——南朝梁·萧子显《南齐书·张融传》

今送一通故衣,意谓虽故,乃胜新也。是吾所著,已令裁减称卿之体。

——南朝梁·萧子显《南齐书·张融传》

将这两段文字放在一起,是因为其都与南齐的文学家张融有关。

第一段文字是张融在自己的一篇文章的序中所写:作为男子汉大丈夫,就应当像孔夫子删编《诗》《书》,制订《礼》《乐》那样,而不是墨守成规,因袭他人,像鸟儿那般寄居在人家的篱笆墙下面。"寄人篱下",原本是指文章著述不要人云亦云,要有创造性,后比喻因袭他人,继而引申为依附别人生活。

第二段文字,是记录齐高帝萧道成赠衣给张融,并亲自写了一道手诏,大意是:现送你一件旧衣服。虽说是旧的,但不比新的差。这是我穿过的,已让人按你的身材重新裁剪了。这就是成语"量体裁衣"的来历,现形容根据实际情况办事。

张融,刘宋时曾任封溪令、仪曹郎等职,

入齐后官至司徒左长史。用现代的话说，他是个怪才，不仅写出来的文章与众不同，对佛学也很有研究，还擅长草书。他的口才特好，能言善辩，诙谐幽默，是个演说家。

从"量体裁衣"可以看出，齐高帝萧道成十分赏识张融的才华，也常召见他，与之交谈。有一次，他姗姗来迟，齐高帝问他为何迟到，他说，拜见皇帝犹如从地上升往天上，快不起来。齐高帝顿时龙颜大悦。齐高帝也喜欢书法，说他的草书虽然很有骨力，但缺少"二王"（指王羲之、王献之）的笔法。他回答：不要可惜我的书法没有"二王"的笔法，而应当可惜"二王"的没有我的笔法。他还说：不恨我不见古人，所恨古人不见我。

据文史记载，张融形貌短丑，但精神清彻。他主张的文章不要"寄人篱下"，很值得今人倡导。

# 日出三竿

永明五年十一月丁亥，日出高三竿，朱色赤黄，日晕，虹抱珥直背。

——南朝梁·萧子显《南齐书·天文志》

成语"日出三竿"，亦作"日上三竿""红日三竿""三竿日"，意思是太阳已经高照，时间已经不早了，后用以形容人起床太晚，睡了懒觉。这缘于南朝永明五年（487）的一次日晕现象。

所谓日晕，亦称"幻日"，是指阳光于高空照射在卷层云中的冰晶上，折射和反射后在太阳两侧出现的环形光圈。"日晕"的表现形式多样，"虹抱珥直背"是较为特殊的一类，即在太阳两侧不仅有若干环形光圈，且有彩虹横贯其间；在光圈外围，耀眼的"赤黄"光线刺破天际。从地面上用肉眼观测，往往会误觉天上有数个太阳并出。古籍《淮南子》中的"后羿射日"，说到"十日并出"，其实就是"日晕"现象。

南朝齐的天文历法，由太史令、丞负责，实录了观测到的很多天文现象，其中记录的"日晕"，时间、地点都很明了。这些实录资料十分难得，被南朝梁萧子显收入到了《南齐书·天文志》中。

萧子显,字景阳,是南齐开国皇帝萧道成的孙子。在他13岁时,萧衍取代萧齐建立了萧梁。齐梁两朝帝王都姓"萧",同属南陵萧氏,却属已出五服的不同分支。萧子显在梁朝还算受到重用,任吏部尚书,他编撰前朝的《南齐书·天文志》,以不加占语为特色,在古籍中很是少见。须知,古人往往将天象和人运相关联,以为日月五星的运行变化和王朝盛衰、军事成败有着非常密切的对应关系。《晋书》中的"天文志",就专设了"史传事验"的内容。在唐宋之前,王朝的更迭,多为禅让。以臣谋君本不合道义,唯有附会受禅者得到天命眷顾,才能取得政治上的合法地位。这就难怪从汉献帝退位的诏书开始,"天之历数,实在尔躬",成了禅让诏书上必不可少的文字。

应该说,萧子显编撰的"天文志",除了对他的祖父齐高帝受命与天象相联系外,绝大多数均无星占内容,也就是说很少将天象和人事关联起来,是比较纯粹的天象记录,而且记录得非常密集、详细,精准度也非常高。有学术机构曾利用谷歌开发的Stellarium模拟星空软件,与《南齐书·天文志》中的天象变化进行比对,结果绝大多数都能对应上。古人的智慧,实在了不得。

那么,在"日晕"记录中提到的"日出高三竿"是个什么时辰呢?古代有一种计时法,是以"八尺竹竿"来测量太阳出地高度。按照一竿八尺，三竿二十四尺计算，"日出三竿"应是在早上7点至9点左右。按说这个时间段，对"朝九晚五"的上班族来说，也不算太晚。现在的年轻人，早上七点钟起床很正常，怎么就说成是睡懒觉了？这是因为古人包括皇帝在内可不是这样，其讲究"勤政"，皇帝上朝或者官衙开门办公都是在"卯时"，即早上5点至7点。常说的"点卯"，就是古代"上班打卡"的意思。古诗云："日上三竿风露消"，说的亦是时间不早的意思。

"日出三竿"再起床，的确是睡过了头。

紫金山天文台 古观测天象仪器

# 飘茵堕溷

子良问曰:"君不信因果,何得富贵贫贱?"缜答曰:"人生如树花同发,随风而堕,自有拂帘幌坠于茵席之上,自有关篱墙落于粪溷之中。坠于茵席者,殿下是也;落粪溷者,下官是也。贵贱虽复殊途,因果竟在何处。"

——唐·李延寿《南史·范缜传》

成语"飘茵堕溷",缘于一场关于佛教因果报应的辩论,亦写作"飘茵落溷""飘茵坠溷""飘藩坠溷""飘樊落溷"。

所谓"飘茵"和"堕溷",是指树上同时开放的花儿,随风而落,有的拂过帘子或帷幔,落在席垫之上,即"飘茵";有的则越过篱墙,掉进粪坑之中,即"堕溷"。这是以同一棵树上花朵坠入不同的地方,比喻人生因受偶然因素的影响造成的不同境遇,即便原本彼此相当,结果也会有天壤之别。由于"飘茵堕溷",仅从字面上不大好理解,得了解其中的典故方能了然,所以现在比较少用,倒是后来有人只取"堕溷"之意,多指女子沦落风尘。

让我们来看看,"飘茵堕溷"到底是出自怎么样的一场辩论。先来了解一下当时的历史背景。南朝齐梁时期,建康(今南京)城内佛教盛行,从皇帝到大小贵族无不崇信因果报应,尤其是到了梁武帝时,佛教已或为国教。话说永明七年(489),竟陵王萧子良举行集会,宣扬因果报应,集会上站出个人来,"盛称无佛",此人就是无神论者范缜。萧子良责问范缜:"你不信因果关系,那么人为什么会有富贵、贫贱之分呢?"于是范缜以"飘茵堕溷"应答,并驳斥道:"殿下犹如留在茵席上的花瓣,下官就好比落于粪坑中的花瓣。贵贱虽然分明,不知因果竟在何方?"萧子良虽内心不服,却也一时找不到驳倒范缜的言辞,这就是历史上记录在案的"范缜批驳因果报应说"。后萧子良组织名流及高僧数次围攻范缜,均被范缜一一化解。梁天监六年(507),范缜完成了唯物主义杰作《神灭论》,将这场"有神"与"无神"的争论推向了高潮。

范缜(450-515),字子真,原籍南乡舞阴(今河南泌阳西北),博通经术,尤精《三礼》,历仕齐梁二代,官至尚书殿中郎、尚书左丞等职。他的《神灭论》,采用"自设宾主"的文体,以"质用统一"为理论,对有神论进行了全面批判,朝野一时为之哗然。梁武帝萧衍为消除其影响,亲下《敕答臣下"神灭论"》诏敕,还组织了62位权贵、僧侣撰文围攻范缜,依然无法折其锋锐。范缜从未屈服,据理反驳,又写出《答曹舍人》等论文,"辩摧众口,日服千人"。

梁武帝只得以"违经背亲"之罪名将他流放广州。后范缜又被召回,用为中书郎、国子博士,他的著作多佚,存世的有《神灭论》《答曹舍人》等篇,收在《弘明集》中。

"飘茵"者萧子良,当然亦非等闲之辈。萧子良(460~494),字云英,南兰陵(今武进西北)人,齐武帝萧赜次子,被封为竟陵郡王,官至司徒。他笃信佛教是一个方面,另一方面

鸡鸣寺

亦关心民生，曾多次奏请朝廷宽刑息役，轻赋省徭。齐武帝死，皇太孙郁林王萧昭业即位。萧子良无端遭忌，忧惧病逝。这里特别要提到，他酷爱文学，礼贤好才，曾于王府"西邸"聚学士抄五经百家，依《皇览》例编成《四部要略》千卷。他的文学至友以谢朓、王融、沈约、任昉、陆倕、范云、萧琛、萧衍等八位最为著名，史称"竟陵八友"，明人辑有《南齐竟陵王集》存世。他的王府"西邸"就坐落在鸡鸣山中。他与范缜的那场因果报应的论战，亦是在他的鸡鸣山邸园展开的。

鸡鸣山，因山势浑圆曾称鸡笼山。南朝刘宋元嘉中，传说其北临的玄武湖屡有"黑龙"出现，故将其改名龙山。齐武帝射雉钟山，至湖埭间鸡鸣，方称之为鸡鸣山。明朝时，山上有北极真武庙，又置"钦天台"，即古天文台，故山亦名钦天山。清初为迎康熙皇帝南巡，在山顶建万寿阁，民间误称为北极阁。如今，南京百姓仍习惯称鸡鸣山为北极阁。作为六朝皇家花园和佛教圣地的鸡鸣山，现以鸡鸣寺著称，人们爬鸡鸣山，实际上就是到鸡鸣寺。在寺的周围，可观赏到胭脂井等古迹，至于原来的古观象台，已改作了气象台。

我们现在来到鸡鸣寺，恐怕很难想到1500多年前，这里有过一场载入史册的"飘茵堕溷"的辩论。

# 澄江如练

> 余霞散成绮,澄江静如练。喧鸟覆春洲,杂英满芳甸。
>
> ——南朝齐·谢朓《晚登三山还望京邑》

成语"澄江如练",是由南朝著名诗人谢朓的诗句而来,意为清澈的江水静如一条白练,既是绘景,也是抒情,达到了情景交融的境界。

谢朓(464~499),字玄晖,陈郡阳夏(今河南太康)人,为东晋谢安兄谢据的玄孙、"山水诗派"鼻祖谢灵运的族侄,人称"小谢"。他于永明二年(484)入仕,曾任宣城太守等,官至尚书吏部郎,后因被诬陷谋反,下狱致死。他虽毁在仕途上,却在文学创作方面大有建树,确立了他在中国诗史上的杰出地位。他是"竟陵八友"的代表人物,与吴兴沈约、琅琊王融开创了"永明体"诗风。"永明体"是结合了当时关于汉语声韵理论的新发现,以平、上、去、入为四声,以此制韵,不可增减,创造出迥异前人作品的声韵和句法效果。

三山矶

谢朓的诗,受谢灵运的影响较大,以摹写山水为主,而在诗风上又不似谢灵运,较少繁芜词句和玄言成分,亦不过多纯客观摹绘,讲究的是通过山水景物抒发情感意趣,其代表作《入朝曲》已颇具后世唐诗风貌,可谓直开唐诗之妙境,诗中的"江南佳丽地,金陵帝王州"成为千古绝唱,其《游东田》《之宣城郡出新林浦向板桥》等作品,留下了诸如"鱼戏新荷动,鸟散余花落""天际识归舟,云中辨江树"等金句,可谓字字"圆美流转如弹丸"。他的诗对后世影响深远,李白、杜甫等诗歌巨匠无不为之倾倒。李白在其诗作中一再盛赞谢朓,以至后人有李白"一生低首谢宣城"之说。

含有"澄江静如练"诗句的《晚登三山还望京邑》亦是谢朓的代表作,这是谢朓由中书要职出任宣城太守,在离京前的傍晚登上三山,眺望建康美景的感怀之作。他在诗中描绘了春江日暮的淡雅景色,又与其对往昔的留恋、离乡前的伤感水乳交融,具有极强的感染力,历代为人赞赏。李白诗中便发出"解道澄江静如练,令人长忆谢玄晖"的

现在三山矶的矶头

现在的三山矶成了沙场码头

感慨。

《晚登三山还望京邑》中的三山,指的是著名的三山矶,在今板桥附近。三山矶,因三峰并列而得名,分上、下两矶,上三山在烈山东岸,又称仙人矶,远不及下山矶重要。三山矶高仅90余米,方围约4里,紧靠长江东岸,突出江中,至此,江水从向北偏流折回东流。据《舆地志》载:"大江从西来,汹涌砰磕,势如建瓴。而此三峰南北相接,积石森郁,滨于大江,诚奇险地。"三山矶一带在军事和航运上的地位都很突出,尤其在六朝,是都城之江防要隘,故亦曾称作"护国山"。时至今日,三山矶被码头沙场所利用,颜面尽失。好在有关方面已表示,要规划建设三山公园,再现三山矶之英姿。

# 迷途知返

夫迷途知反,往哲是与;不远而复,先典攸高。

——南朝梁·丘迟《与陈伯之书》

丘迟在给陈伯之的信中写道:"迷失了路知道回头,是古圣人赞许的;走错了路及时改正,是典籍中推崇的。""迷途知反"的"反"同"返","迷途知返",比喻觉察到犯错知道改正。

陈伯之,南齐末任江州刺史,南齐灭亡后,在南梁仍继任原职,镇守江州。他虽受命于南梁,但心有不服,又被部下邓缮挑唆,起兵反梁。兵败后,他投奔北魏,当了"平南将军",统领淮南军队与梁对峙。

公元 505 年,梁武帝萧衍命临川王萧宏率军北伐。萧宏的兵马与陈伯之的部队在寿阳(今安徽寿县)相遇,两军对垒。萧宏让自己的秘书丘迟给陈伯之写信劝降,说明只要他及早回头,便可既往不咎,于是乎,就有了丘迟的《与陈伯之书》。

丘迟原来就是位文学家,他在信中以文学的语言,晓明大义,陈说利害,处处饱溢着人性的情感。陈伯之读后,深受感动,最后作出离魏归梁的抉择。

《与陈伯之书》成为了六朝骈文的名篇，后被收入萧统所编的《文选》。《梁书》《南史》也都将《与陈伯之书》全文收录。

南朝临川王萧宏墓石刻

# 古肥今瘦

元常谓之古肥,子敬谓之今瘦,今古既殊,肥瘦颇反。

——南朝梁·萧衍《观钟繇书法十二意》

《观钟繇书法十二意》的作者是三国曹魏时期的大书法家钟繇。梁武帝萧衍观其书法作品,作出了点评。点评中有这么几句话,大意是:元常(钟繇)的书法丰满,而子敬(东晋王献之)的书法具有骨感,各有特色。随着时间的推移,书法的风格在变化,各具独到之处,而且审美观也会有所不同。成语"古肥今瘦"源于此,比喻不同的艺术风格。

南朝梁建立者萧衍(464~549),字叔达,即位初期观察政治明晰,广开言路,体恤民情,使国家一度兴旺。但他对皇亲宗室的过分纵容,则滋长了骄奢淫逸、腐朽糜烂之风。他又笃信佛教,曾4次舍身同泰寺,世称"菩萨皇帝"。由于他不听众臣劝阻,接纳东魏叛将侯景归降,酿成长达4年之久的"侯景之乱"。自此,梁朝一蹶不振,他本人也被叛军软禁在台城净居殿,困饿而亡,谥号武帝。

梁武帝博学多才,好文学,精音律,曾招纳文士撰《通史》600卷,为"通史"之名首见于世;又创"四通""十二笛";他还是书法家,同时又是书法鉴赏家,对"钟王"(钟繇、王羲之)、"二王"(王羲之、王献之)的书法都有过精彩的点评。尤其是王羲之的书法,南朝宋后一度遭冷落,直至梁时在萧衍的鉴赏下才又重振。他曾说,王羲之的书法"如龙跳天门,虎卧凤阙,故历代宝之,永以为训"。他将不同时期的书法用"古肥今瘦"来概括,极为形象精辟。

# 金瓯无缺

"我国家犹若金瓯,无一伤缺,承平若此,今便受地,讵是事宜?脱至纷纭,悔无所及。"

——唐·李延寿《南史·朱异传》

这是梁武帝对他的心腹大臣朱异说的一番话,大意是:"我们梁朝如此强大,疆土完固,国家太平,接收侯景投奔,有何不可?倘若被朝臣误了大事,岂不是后悔莫及?"

金瓯,古代一种酒器。"金瓯无缺"出于此,亦作"无缺金瓯",比喻国土的完整。故宫太和殿外那4口大铜缸,即象征"金瓯无缺"。

"金瓯"为什么会成为疆土的代称,得从梁武帝萧衍的一个梦说起。某日,梁武帝梦见中原地区的牧守们争相献地臣服,举朝上下一片欢庆,金银珠宝不计其数,甚至不得不堆到官殿之外。次日,梁武帝找到朱异,请这位心腹爱臣为自己解梦。朱异很善于逢迎,听后忙说:"依我看,这是天下将要统一的先兆"。梁武帝觉得这个话有道理,也喜滋滋地说:"吾生平少梦,梦必有实"。

其实,梁武帝年轻时"六艺备闲",堪称"翘楚",现在怎么连做个梦也会如此较真呢?这主要是因为他已届85岁高龄:一方面看破了红尘信起了佛,甚至亲自到同泰寺当过四回和尚;

另一方面长期没把心思放在朝政上，经国才略也到了江郎才尽的地步。总之，当了47年皇帝的萧衍已经刚愎昏聩，难辨忠奸。

也算巧合，梁武帝梦后不久，东魏驻守河南的大将侯景便起兵反叛。在他走投无路之际，派人到建康城联系献地投靠事宜。此事的发生，莫非是早先的梦得到了应验？梁武帝很是高兴。然而，纳降之事毕竟非同小可，为慎重起见，他招集群臣合议，商议的结果是：不能接纳"翻覆叛臣"，否则"终当乱国"。梁武帝听了这个结论，心里十分矛盾，不知如何才好。第二天，萧衍与朱异再次合计，并说了"金瓯无缺"的那番话，朱异趁机献媚："若不容受，恐绝后来之望。"就这样，梁武帝最终决定接纳侯景。

不过，梁武帝"金瓯无缺"的幻想很快就破灭了。萧衍欲拿侯景与东魏交易谋和，结果招致"侯景乱梁"，侯景攻台城、陷建康，梁武帝不久亦困饿台城而终。

# 衣锦还乡

武帝谓曰:"卿母年德并高,故令卿衣锦还乡,尽荣养之理。"

——唐·李延寿《南史·刘之遴传》

这是梁武帝萧衍对他手下大臣刘之遴说的话,大意是:你的母亲年事已高,且德高望重,所以我得让你穿上能显示身份的衣服回家看望老母亲,也好让你在家乡人面前露脸,光宗耀祖。

"衣锦还乡",亦作"衣锦故乡""衣锦过乡""衣锦荣归",形容富贵后荣耀乡里。

刘之遴,先后任过尚书右丞、荆州大中正、中书侍郎等职。他很有才学,一生写过很多书,有五十卷文集流传于世,同时又爱好收藏,收集古器数百种。他办事极为认真、严谨,有一次,太子得到班固《汉书》真本,请他和张缵、到溉等人查找当代本与真本有何不同,他一丝不苟,核出数十处不同点,深得众学士称道。梁武帝十分欣赏他的才学和品行,才会对他说出"衣锦还乡"这样关切的话,只可惜刘之遴忙于公务,直至发生"侯景之乱"方避难还乡,这似乎印证了另一个成语"衣锦夜行"。

"衣锦夜行"不是源于南京的成语,语出西汉司马迁《史记·项羽本纪》:"富贵不归故乡,如衣锦夜行。"意思是荣华富贵了,不去故乡探亲,如同穿了锦绣衣服在夜间行走,不能使人知道。古人总是把"衣锦"比作人的地位,就像现在有的人穿一身名牌,显示自己有钱人的身份。

# 光怪陆离

圣迹彪炳,日焕于阎浮;神光陆离,星繁于净刹。

——南朝·沈约《内典·序》

这是沈约奉梁武帝萧衍之诏,为佛教典籍《内典》作序的一段话。"圣迹",指佛祖的各种迹象;"阎浮",在佛教典籍中泛指华夏大地;"陆离",式样多,繁杂的意思。这段话的大意是:佛祖的神圣事业光辉灿烂,彪炳千秋,普照华夏,光彩奇异、缤纷的繁星,闪烁在每一座佛寺之上。由此引出的"光怪陆离",亦作"陆离光怪",形容形象奇异,色彩繁多。

沈约(441~513),字休文,谥隐,人称"隐

栖霞寺念经的和尚

高淳玉泉寺

侯",是齐梁间文学家、史学家。他博览群籍,著述颇丰,与谢朓、王融等共创"永明体",在推动诗歌格律化方面贡献甚大,并很早提出诗歌语言通俗化问题,讲求雅俗结合,还率先实践。南齐永明五年(487),他奉敕编撰《宋书》100卷,记事从东晋义熙元年(405)刘裕当权,到升明三年(479)刘宋灭亡,为后世留下大量珍贵的史料,后列为"正史"。他在建康东郊钟山下有宅,家中藏书2万卷,"都下莫比",今存明人所辑《沈隐侯集》。在仕途方面,他仕宋、齐、梁三代,因助梁武帝登基有功,任尚书仆射,封建昌县侯,官至尚书令兼太子少傅。后其因事触怒萧衍,忧惧而死。

沈约有感于萧衍对他的器重,在为佛教典籍《内典》所作序中,用诗一样的语言歌颂皇恩,但想不到最后因皇怒落得悲哀的下场,这应了他自己创新的成语:这世界真是"光怪陆离"。

# 天花乱坠

六欲诸天来供养,天华乱坠遍虚空。

——唐·般若译《心地观经·序品》

"天花乱坠"(古"华"同"花"),原为佛教传说。据《心地观经》:梁武帝时,有位云光法师在建康南郊石子岗设坛讲经,讲到生动时感动上天,五颜六色的花瓣如雨般纷纷落下。坠落的花雨飘到地上,就变成了一粒粒晶莹圆润的小石子,石子上还有五彩斑斓的花纹,被称作"雨花石"。

雨花阁

"天花乱坠"本是一个传奇的佛教故事，不过，随着佛教的发展，其分成了许多宗派。宋代，"禅宗"的一位法师编《景德传灯录》，有"聚徒一千二千，说法如云如雨，讲得天华乱坠，只成个邪说争竞是非，去佛法大远在。"这是告诫众徒：如果未领会佛教教义，讲得越天花乱坠，只会离教义越来越远。这么一来，原形容说话有声有色、十分动听的"天花乱坠"，被用以形容言谈虚妄而不切实际，或用甜言蜜语哄人。

前面提到的那位云光法师讲经的地方，最早称长陵，又名成子岗、石子冈，后称过石子坑、梅岗等，至南朝因佛教传说始称雨花台，如今是著名的雨花台风景名胜区。该处由烈士陵园区、名胜古迹区、雨花石文化区、雨花茶文化区等组成，设雨花石博物院等，为AAAA级旅游景区。

雨花石，本为古长江及秦淮河的沉积物，含玛瑙和石英石成分。据考证，五千多年前南京北阴阳营的先民就曾用雨花石加工成珠、管、璜、玦、坠等各种装饰品美化生活，如今的雨花石也成了南京颇具代表性的旅游纪念品。

# 画龙点睛

金陵安乐寺四白龙不点眼睛,每云:"点睛即飞去。"人以为妄诞,固请点之。须臾雷电破壁,两龙乘云腾去上天,二龙未点眼者见在。

——唐·张彦远《历代名画记·张僧繇》

梁武帝崇尚佛教,修建了很多寺庙,其中包括秦淮河畔的安乐寺。东汉以来,名寺必有壁画,壁画必出名手,已成风尚。梁武帝便请张僧繇在寺壁上画龙。

张僧繇是梁代很有名气的大画家,曾被皇帝任命为直秘阁知画事。他毕生勤奋,手不释笔,留下了不少传世佳作,有关张僧繇绘画技术超凡脱俗的传说自然也不少。据说,梁武帝有几个儿子封地在外,武帝记挂得茶饭不思,便派张僧繇画了王子们的肖像,梁武帝看到几位王子的画像就如同见了他们的面一样。还有,当时京口(镇江)有一座兴国寺,周围林木茂盛,常有一些野雀在房梁上歇息,拉下的粪便玷污了佛像。寺庙里的和尚觉得这是对佛祖的大不敬,便请来张僧繇在东西两面墙上分别画上苍鹰和隼鹞,两只猛禽呈侧头向檐外睨视状,从此,再也没有哪只野雀敢在屋梁上落脚了。

张僧繇在安乐寺仅用三天时间就画好了四条龙,这四条龙张牙舞爪,形象逼真,美中不足的是全都没有眼睛。大家问他:"你为什么不给龙画上眼睛呢?"张僧繇解释说:"若是点上了眼睛,这些龙就会破壁飞走的。"大家很诧异,继而哈哈大笑起来,认为他简直是个疯子。张僧繇被逼得实在没办法,只得给龙"点睛"。奇迹发生了,他刚给第二条龙点上眼睛,突然间,狂风大作,电闪雷鸣。"点睛"的两条龙震破墙壁凌空一跃,朝东南方向飞去。人们被吓得目瞪口呆,再看看墙上,只剩下了没有被点上眼睛的两条龙。

后来,"画龙点睛"被用来比喻讲话或写文章时,精辟的一两句话甚至一两个词,便可以点明要旨,使内容更加精彩。比如,唐朝贾岛《李凝幽居》中的"僧敲月下门",用"敲"就明显比用"推"更具禅意。而宋代的宋祁也凭借其在《玉楼春》中"红杏枝头春意闹"的"闹"字而名扬词坛。"画龙点睛"的历史文化信息

位于城南中华门西五福街的金粟庵

还引申到其他方面，民俗活动赛龙舟总是以给龙头点睛为开场，这与"画龙点睛"的典故也颇有些渊源。

如今，秦淮河畔已难觅安乐寺的踪影，但南朝遗存下来的寺庙还有一二，例如瓦官寺、金粟庵等。

# 变本加厉

增冰为积水所成,积水曾微增冰之凛。何哉?盖踵其事而增华,变其本而加厉。物既有之,文亦宜然。

——南朝梁·萧统《文选·序》

这是萧统为所编《文选》作序的一段话,大意是:冰是由水凝固而成,但比水的温度要低得多。什么原因呢?这是因为随着事物的发展而发生了变化,变得比原来有很大程度的提升。事物是这样,文章也是如此。这表明了萧统对选编此书以及选择文章标准的观点和看法。

由此而见,萧统作序中的"变本加厉"即使不算褒义,也绝无贬义,而现在用起来却多含贬义,形容情况变得比原来更加严重。

萧统(501~531),字德施,小字维摩,是梁武帝萧衍的长子,天监元年(502)立为皇太子,后因游湖落水,受惊得疾而亡,谥昭明,人称昭明太子。他聪慧好学,能诗善赋,爱好文学,又广收古今书籍3万余卷,堪为一时之最。他编有《文选》30卷,以"事出于沉思,义归乎翰藻"为准则,选录上自战国之子夏、屈原、下迄梁朝陆倕等130多位知名作家和少数佚名作者的各种体裁风格作品,共计38类700余篇,为我国现存最早的一部诗文总集。《文选》对后世的影响极大,成了学子的必修课本,以至于有"《文选》烂,秀才半"之说。研究《文选》之风也越来越盛,形成了一门专门的学科——文选学。

由于萧统及《文选》的影响力,江浙一带留下多处昭明太子读书的名胜古迹,其中南京有两处,即江宁湖熟和钟山主峰的读书台。

如今,你坐上紫金山观光索道,可达主峰头陀岭,在那里不仅可寻到昭明读书台(又名太子岩),还可以欣赏刘基洞、弹琴石、白云泉、栽松岘等名胜古迹。还有一处也值得一游,即近几年在梅花山西侧新辟的梅花谷。梅花谷景区内建水榭,名"台想昭明",以纪念昭明太子读书之处,春天到梅花谷访梅不妨在"台想昭明"小憩。

梅花谷"台想昭明"雕塑

# 白璧微瑕

"白璧微瑕者,惟在《闲情》一赋。扬雄所谓劝百而讽一者,卒无讽谏,何足摇其笔端?惜哉!无是可也。"

——南朝梁·萧统《陶渊明集·序》

成语"白璧微瑕",亦作"白玉微瑕",指洁白的玉上略有小斑点,比喻一个人或一件物虽完美,但略有瑕庇,亦含有一种惋惜的意思。这是出自于南朝梁昭明太子萧统对陶渊明一篇文章的点评。

陶渊明,又名潜,字元亮,号五柳先生,因私谥"靖节",世称"靖节先生"。他的曾祖父陶侃为东晋开国元勋,官至大司马;祖父和父亲也曾做过太守。他生活在晋宋异代之际,虽有这样优越的家庭背景,但长大成人时家道已没落。尽管如此,他也只有沿袭仕途的轨迹,初为桓玄、刘裕手下小吏,后又任江州祭酒、彭泽县令等职,再以后,出于本性,他就完全颠覆了自己前半生的生活方式。

少有高趣的陶渊明,一向鄙视官场污秽,在41岁时不再"为五斗米而折腰",解印辞官,归隐山林,躬耕自资,撰文写诗,过起了田园生活。他的诗作,把笔触投向静谧的山林、悠闲的田野,冲脱了说教、玄谈、宫廷、游仙等传统的审美对象。他实际上无意间开辟了诗歌创作的新天地,成为"田园诗派"创始人之一,只是,他的田园牧歌式的诗歌,在相当一段时期内未获多高的评价,大家提到陶渊明,往往是欣赏他的人品,而非作品。在他去世后,其好友颜延年作《陶徵士诔》("诔"为古代悼文),也是多赞其清高人格,少谈其诗文水准。到了南朝梁代,刘勰在《文心雕龙》中,未提及陶渊明;沈约在《宋书》中,谈的是陶渊明的隐士生活;钟嵘在《诗品》中虽讲到了陶渊明,

此赋白璧微瑕。

晋无文,唯渊明《闲情》一赋而已。

但仅将其列为两汉至当朝百多名诗人作品的"中品"。那时候,也只有昭明太子萧统对他的诗作,给予了极高的评价。

萧统在《文选》中,陶渊明的作品有9篇,占据了重要地位。实际上,萧统十分喜爱陶渊明的作品,甚至遗憾自己没能和他生活在同一个时代。萧统不仅将他的作品收入《文选》,还专门编《陶渊明集》,并为之作序。

萧统在《陶渊明集》"序"中,对陶渊明作品做了全面的品评,在他看来,陶渊明的作品件件都是"无瑕白璧",唯独其中的《闲情赋》有"微瑕"。他以为,此赋吟颂的爱情过于纯粹,缺少劝谏积极向上的能量,这样的文章,"何足摇其笔端"?不写也罢。他虽对《闲情斌》作出如此点评,但还是将其收进《陶渊明集》中,可见并不因"白璧微瑕"而嫌弃,反倒投以"惜哉"之情感。

陶渊明的《闲情赋》究竟写了什么呢?写了他对一位被山河阻隔的佳人的倾慕之情。这位佳人"负雅志于高云",乃至他要通过"十愿",幻想化身各种物件,附着在佳人身上,昼夜相伴,如痴如狂,形影不离。

有意思的是,此赋虽在萧统眼里是"白璧微瑕",但在有人看来却"如奇峰凸起,秀出天外,词采华茂,超越前哲"。清代大儒陈沆对之更是大加褒奖,以为"晋无文,唯渊明《闲情》

一赋而已"。后世还将《闲情赋》与西汉张衡《定情赋》、蔡邕《静情赋》并称为中国古代"爱情三赋"。这真是仁者见仁,智者见智。

其实,世上本无十全十美的事物,也包括文章,如有,亦是出于主观的意想。能做到"白璧微瑕",应该就很完美了。

# 千载难逢

知音其难哉！音实难知，知实难逢，逢其知音，千载其一乎！

——南朝梁·刘勰《文心雕龙·知音》

刘勰《文心雕龙》的这段话，大意是：在人世间，找到一个知音是很难的事。知音实在很难遇上，真正能遇上，也是千年才有的一次机会。成语"千载难逢"出于此，后来又陆续出现"千载一时""千载一遇""千载一会"之说，意思都差不多，用来形容极为难得的机会。

刘勰（约465～约532），字彦和，南朝文学批评家。他早年在钟山定林寺助高僧僧祐整理、校勘佛经，并博览全书，精研文学理论。他有感于文坛上"辞人爱奇，言贵浮诡"之风，决意匡正，于南朝齐永元三年（501）始撰《文

定林山庄

心雕龙》,成书于梁代,深得萧统青睐。《文心雕龙》计十卷五十篇,成为中国古代第一部全面而系统的文学理论专著,对当代和后世文坛产生了广泛而深远的影响。该书从文学创作的构思过程、写作技巧、篇章剪裁,到声律安排、字句锤炼乃至比兴夸张等修辞手法,均有精辟阐述。其中的《知音》所描述的"知音难觅"的文学现象,也反映出当时社会的人际关系。

刘勰,梁初方入仕途,历任奉朝请、东宫通事舍人等职,仕途并不显达,均被以"文学"之士视之。到了晚年,昭明太子的去世使其仕途走到了尽头,他奉敕又回到阔别多年的定林寺撰经,后出家为僧,法名慧地,直至离开人世。

如今,在明孝陵景区定林寺遗址的定林山庄内辟有"上定林寺刘勰与《文心雕龙》纪念馆",内设"钟山与六朝都城""钟山定林寺""刘勰与《文心雕龙》"三个展厅。定林山庄也是历代名人王安石、米芾、苏轼、陆游等隐居或游弋的地方,留下许多诗词作品。

# 江郎才尽

初,淹罢宣城郡,遂宿冶亭,梦一美丈夫,自称郭璞,谓淹曰:"吾有笔在卿处多年矣,可以见还?"淹探怀中,得五色笔以授之。尔后之诗,不复成语,故世传江郎才尽。

——南朝梁·钟嵘《诗品》

有位叫江淹的郎君,被罢去宣城郡官职之后回到建康,在冶亭驿歇息时做了一个梦。他梦见一个自称是郭璞的男子对他说:"我的一支毛笔在你那儿已经有些年头了,现在该还给我了吧?"江淹将手向怀中摸去,果然摸到一支五色笔,便递给了他。江淹归还"妙笔",就好像学生把所学的知识都还给了老师。从此,他再也没有创作出什么佳句名篇。后来,人们就用"江郎才尽"来比喻人的才思减退。

江淹,即江郎,字文通,南朝文学家,擅长诗赋,其代表作《别赋》《恨赋》名垂千古。他在文字学上也很有造诣,据史料记载,南朝齐时,襄阳出土铜镜和竹简,上有蝌蚪文,大家都不认识,唯有江淹辨认出那是周宣王时的文字,因此名声大噪。江淹还是政治家,宋、齐、梁三代为官。宋时,建平王刘景素刚愎自用,江淹深感不得志;齐高帝时,仕途渐顺;至梁武帝,终授金紫光禄大夫,封醴陵侯。

江郎这么有才华,后来怎么就"才尽"了呢?对此,众说纷纭。清人姚鼐在《惜抱轩笔记》卷八中说:"江诗之佳,实在宋齐之间,仕官未盛之时",而江淹的"才尽"则发端于齐武帝永明年间。有人便借明代文学家唐顺之名言:"人有富贵气,诗文必不佳"道出江郎交出"妙笔"之由。也有人认为江淹位居高位之际,恰逢"永明体"盛行,江淹不屑于这种文风,但再创古体诗又唯恐遭人嘲讽,故而借梦说"才尽",其实是对身处进退两难的尴尬境地的自我解嘲。

不过,编者倒认为江淹变成御用文人之后,终日忙于公文,文采都被繁絮、刻板的公文写作磨平了。这种现象,在当今社会中也屡见不鲜。

江郎做梦的地方冶亭驿站,位于冶山,现为朝天宫所在地。冶山,是春秋时期吴王夫差冶铸之地,到明代,朝廷在此进行大典之前的

朝天宫的御碑亭

**玄武湖环洲的郭璞墓**

演习,故名朝天宫。朝天宫的建筑多为清朝重建,是江南地区规模最大、保存最为完整的古建筑群。南京市博物馆设于此,馆藏文物10万余件,并设有"大明南京"等展馆。

江郎梦见的郭璞,是东晋文学家和训诂学家。其先为王导参军,后被王敦用为记室参军,因占卦劝阻王敦反叛被杀,葬于今玄武湖。玄武湖,古称桑泊,六朝时是皇家练兵、游猎、吟咏之所,现为著名的公园。园内由环洲、梁州、翠洲、菱洲、樱洲五个洲组成。郭璞墓,又名郭仙墩,相传为其衣冠冢,位于环洲。

# 天上麒麟

时宝志上人者,世称其有道。陵年数岁,家人携以候之。宝志手摩其顶,曰:"天上石麒麟也。"

——唐·姚思廉《陈书·徐陵传》

成语"天上麒麟",比喻天资卓绝,与成语"龙驹凤雏"意思相当,一般称赞他人之子,出自于南朝高僧宝志对少儿徐陵的预言。

徐陵(507~583),字孝穆,东海郯(今山东郯城)人,南朝梁陈的文学家。他早年随其父徐摛在萧纲幕下任职,待萧纲为太子后,任东宫学士。后来徐陵奉命出使东魏,因故被困邺城长达7年,回归时已入陈,历任尚书左仆射、丹阳尹、中书监等,他的成就主要还是在文学方面。南朝梁时,盛行"宫体诗",他与当时影响极大的文学家庾信齐名,均为宫体文学的代表,世称"徐庾体"。他的诗作声调流转,文辞绮艳,史称"每一文出手,好事者已传写成诵"。他还曾奉萧纲之命,编选《玉台新咏》10卷,书中收录了不少优秀的民歌及文人作品,极为珍贵。他的著作有集30卷,已佚。明人辑有《徐孝穆集》。

徐陵少儿时就聪明好学,才气洋溢。其父

带他找宝志和尚看相。宝志和尚摸了摸孩子的头，仅说了一句"天上石麒麟也。"宝志和尚对少儿徐陵的预言显然是再灵显不过了。

何谓麒麟？在"龙行虎步"一文中讲到了宋武帝初宁陵残存的一对石刻：一是天禄，乃双角；一是麒麟，生独角，均为祥瑞之神兽。据南朝梁沈约《宋书·符瑞志》载：麒麟"含仁而戴义，音中钟吕，步中规矩，不践生虫，不折生草，不食不义，不饮洿池，不入坑阱，不行罗网。"魏晋南北朝时，大众开始将麒麟与聪慧幼儿或俊杰相联系。东晋名士顾荣称赞两岁的族侄为"吾家麒麟"，自此，遂以"麒麟儿""麟儿"赞美幼儿。

宝志和尚，世称宝公或志公，个性癫狂，常散发赤脚，手执锡杖，出入钟山，行于街市，口念谶言，每每验证，被京城官民奉为神僧。最不可思议的是，当时身处南朝宋的他，以手持的锡杖挂着刀、尺、拂，预言了接下来的齐、梁、陈三个朝代：刀切削整"齐"，为齐朝；尺用于丈"量"，为梁朝；拂可掸"尘"，为陈朝。他是到了梁朝方圆寂的，梁武帝将其葬于紫金山下独龙阜，并建开善寺。永定公主又出资在那里造五层玩珠石塔纪念之。到了明代，朱元璋选中此地做灵寝，也就是现在的明孝陵，将寺和塔迁到了现在的灵谷公园。如今游览灵谷公园，可以看到志公殿和志公塔。这两座建筑均为后人复修，以此来纪念宝志和尚。

# 破镜重圆

"陈太子舍人徐德言之妻，后主叔宝之妹，封乐昌公主，才色冠绝。时陈政方乱，德言知不相保，谓其妻曰：'以君之才容，国亡必入权豪之家，斯永绝矣。傥情缘未断，犹冀相见，宜有以信之。'乃破一镜，各执其半，约曰：'他日必于正月望日卖于都市，我当在，即以是日访之。'及陈亡，其妻果入越公杨素家，宠嬖殊厚。德言流离辛苦，仅能至京，遂于正月望日访于都市。有苍头卖半镜者，大高其价，人皆笑之。德言直引至其居，设食，具言其故，出半镜以合之，仍题诗曰：'镜与人俱去，镜归人不归。无复嫦娥影，空留明月辉。'陈氏得诗，涕泣不食。素知之，怆然改容，即招德言，还其妻，乃厚遗之。闻者无不感叹。仍与德言、陈氏偕饮，令陈氏为诗，曰：'今日何迁次，新官对旧官。笑啼俱不敢，方验作人难。'遂与德言归江南，竟以老终。"

——唐·孟棨《本事诗·情感》

这是一个充满情感的故事，又是一段成人之美的佳话。

南朝陈后主的妹妹乐昌公主嫁给了太子的亲戚徐德言，夫妻无比恩爱。徐德言预感到政局不稳，将一面铜镜碎成两半，与妻各持一半。他与妻约定：假如国有不测两分离，让妻务必在次年正月十五这一天将半镜拿到京城集市上出售,好让他寻觅妻的去处。没多久,陈国就灭亡了,徐德言孤身出逃,乐昌公主则被掠到京城,被隋文帝赐给功臣杨素为妾。次年正月十五日,徐德言赶往京城集市,果然看到有老翁在售半个铜镜,他取出自己的半个铜镜,合上去完整无缺,不仅潸然泪下。他题上一诗,让老翁带回去,诗云:"镜与人俱去,镜归人不归;无复嫦娥影,空留明月辉。"

再说杨素,本是文武双全、风流倜傥之士,更因辅佐隋文帝一统天下而声望显赫。他十分宠爱美貌、聪慧的乐昌公主,为其专门营造了宅院,又因其终日寡欢而不安。当乐昌公主收到徐德言诗书后,终于忍不住泣不成声。杨素再三盘问,方知实情,深受感动,立即将徐德言请入府中,让他们夫妻团聚,并送他们回归江南。杨素宽宏大度、成人之美的德行成为了佳话,被后世传扬。

后人用"破镜重圆",来比喻夫妻失散或分手后又重归于好。

# 六朝金粉

"他、他、他,把六朝金粉收拾去,单、单、单,留下写恨几行书。"

——元·无名氏《醉花阴·秋怀》

"六朝金粉"首见于元代无名氏《醉花阴·秋怀》,该杂剧借婚姻不幸来反映封建社会对人性的压抑和折磨。这里的"六朝金粉"用来比喻粉黛、佳丽,形容女子的仪容,妆饰,但从字面上解释,完全不是这么回事。

"六朝金粉"中的六朝是指立都于建康(南京)的东吴、东晋加上南朝的宋、齐、梁、陈,共六个朝代;金粉,古代妇女化妆用的铅粉。六朝时期,妇女流行额部涂黄,南朝宋人吴曾书中记载:"北妇以黄物涂面如金,谓之佛妆"。当时不仅妇女化妆,士大夫们也化妆。他们的洗脸水流进秦淮河,竟使河水为之变色,香气四溢,则"六朝金粉"应该是特指南京六朝时期的繁华景象。

但由于"六朝金粉"最初用在元代杂剧的唱词中意思就变了,故以后的文人作品中也不乏这种用法。例如,元代王实甫在《西厢记》中写道:"香消了六朝金粉,清减了三楚精神"。"钱塘名妓"苏小小墓前的楹联上也书有"金粉六朝,香车何处;才华一代,青冢犹存"。

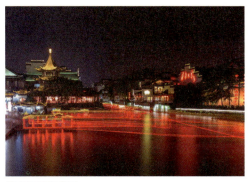

桨声灯影秦淮河

尽管这个成语已有了另一层意思，但大家一看到"六朝"二字，还是会不由自主地联想到是讲南京，加上胭脂味的"金粉"二字，又有后续的明朝"秦淮八艳"，便不由自主地将"六朝金粉"与"青楼文化"画上等号，这是很大的曲解和误会。当然，也有正确理解"六朝金粉"的。《官场现形记》第二十九回："要晓得江南地方虽经当年'洪逆'蹂躏，幸喜克复已久，六朝金粉，不减昔日繁华。"

所以说，以"六朝金粉"代言南京，绝对是褒义。假若历史是张"脸"，六朝繁华便是那一段"金粉"，"六朝金粉"最恰当的注释，也就是现在常说的"江南佳丽地，金陵帝王州"。

如今，我们站在文德桥上观赏夫子庙及秦淮风光，定会发出"六朝金粉，倍增昔日繁华"的感慨。

# 唐宋及五代篇

TANGSONG AND WUDAI

三山二水 成家立业

吹皱一池春水

# 小引：南唐江宁

石头小子：南北朝以后，隋、唐、宋、元更替，南京的地位一落千丈，城名也一改再改，曾称蒋州、丹阳、扬州、升州、归化、白下、上元、集庆等，多达近二十个。

莫愁女孩：南京虽城名频繁更改，"六代豪华"不在，但文化积淀傲视群城，成为文人雅士游弋怀古之所。

石头小子：在唐、宋之间，有个五代十国的大分裂时期。五代，指占据中原的梁、唐、晋、汉、周五个小朝廷；十国，指环绕中原的南方十小国，即吴、南唐、前蜀、后蜀、吴越、闽、楚、南汉、南平和北汉。

莫愁女孩：南京成为南唐的国都，只不过昙花一现，前后三主，仅存活了30来年。南唐中主李璟、后主李煜治国无能，而擅长诗文，真是"作个才人真绝代，可怜薄命作君王。"

金陵成语溯源之旅

# 三山二水

凤凰台上凤凰游,凤去台空江自流。
吴宫花草埋幽径,晋代衣冠成古丘。
三山半落青天外,二水中分白鹭洲。
总为浮云能蔽日,长安不见使人愁。

——唐·李白《登金陵凤凰台》

《登金陵凤凰台》,是唐代诗人李白来到金陵胜地访古抒怀的代表作。诗中"三山半落青天外,二水中分白鹭洲"两句,对金陵风光的描绘极为洗练,成语"三山二水"由此而来。如果说"虎踞龙盘"特指南京,那么"三山二水"则泛指南京的山水。

李白的这首诗,写于天宝年间因受权贵排挤离京南游之际。金陵的六朝繁华不再,恰似他那时的心情。他登上凤凰台,顷刻发出"凤去台空江自流"的感慨。虽然"三山"犹在,"白鹭"尚存,但他联想到了"浮云蔽日""长安不见",心中能有几多愁,恰以一江春水向东流。

李白当年所登的凤凰台在哪里?它位于中华门内西南隅,在花露冈上。据《至正金陵新志》载:刘宋元嘉十六年,有三只状如孔雀的大鸟飞至,栖息于李树上鸣叫不已,引来群鸟跟随比翼而飞,人们普遍认为这三只大鸟就是凤凰,百鸟朝凤乃太平盛世的象征。为此,扬州刺史王义康将此处改称凤凰里,又在山上筑台建楼,命名为凤凰台。其所在之山,也被叫做凤台山。凤台山地势高亢,是一睹"大江前绕,鹭洲中分"的最佳处。杨吴时期,在此筑城建伏龟楼,一度改称伏龟山,山势也因此被切断。至明初筑城,由于城垣高崇,凤台山遂为城垣所掩,又因骁骑仓设此,又改称仓山、仓顶。如今,楼台不存,凤台山地名也消失了,但李白诗作的影响力永恒,使这一地带始终充满文化的魅力。

那么,李白诗中的"三山""白鹭洲"又在哪里呢?"三山",即三山矶,在"澄江如练"一文中已作介绍。"白鹭洲",人们通常认为是夫子庙地区的白鹭洲公园,其实完全误解了。该公园原为御赐中山王徐达之东花园,明末,园衰败,至清代废为居民菜圃。民国期间,有绅士集资在此开设茶庐,修葺时发现镌刻李白

三山矶

"二水中分"的白鹭洲,已成白鹭花园的居民住宅区。　　白鹭花园附近有个小市民广场,应亦属古白鹭洲范围。

《登金陵凤凰台》的石碑,中有"二水中分白鹭洲",于是取名白鹭洲茶庐,此后方拓展为白鹭洲公园。但李白诗中的"白鹭洲"实指原江东乡政府驻地南0.3公里处的白鹭村。那里曾是长江故道上的一个洲,相当于现在的江心洲,将江水一分为二。唐代的秋日,那里芦花怒放,常有白鹭群栖,故名白鹭洲。后江流改变,白鹭洲与陆地连接。而今,村名尚存,面貌自然已全新。倘若在此地立碑,刻"二水中分白鹭洲",倒是很有意义的。

# 干卿何事 吹皱一池春水

> 元宗尝因曲宴内殿,从容谓曰:"'吹皱一池春水',何干卿事?"延巳对曰:"安得如陛下'小楼吹彻玉笙寒'之句。"
> ——宋·陆游《南唐书·冯延巳传》

南唐元宗即中主李璟在一次宫廷宴席间,开玩笑地对丞相冯延巳说:"'吹皱一池春水',与你有什么相干?"冯延巳连忙回答:"陛下不是也有'小楼吹彻玉笙寒'的绝妙词句吗?"

"何干卿事"本是句俗话,后成"干卿何事"的成语,亦作"干卿底事""底事干卿""干卿甚事",用以戏笑别人多管闲事。现在这个成语已很少用,代之的是更为粗俗的"关你屁事"。憨厚的南京人还常以"多大事呀,烦不了"形容无论是别人的还是自己的事,都不用过多去烦心。

"小楼吹彻玉笙寒""吹皱一池春水"分别出自李璟的《山花子》和冯延巳的《谒金门》,其中,"吹皱一池春水"也成了后人广为运用的成语,比喻事态虽有动荡,但影响轻微,并无大碍。

李璟、冯延巳的两首词均是按照唐代宫廷教坊曲调填写的,也都是写少妇的思念。由于二者的心境相异,写出来的情感亦大不相同。

李璟的词写的是深秋萧条的景色,中有"细雨梦回鸡塞远,小楼吹彻玉笙寒"词句,被宋代王安石点评为江南词中的最佳句子,其大意是:你我在朦胧的细雨中相会,未曾想只是在梦中,醒过来你我仍远隔万里;小楼上我独自吹笙遣愁,哪知那笙声凄凄切切,倍感清寒刺骨。

冯延巳的词写的是明媚的春光。词上半阕为"风乍起,吹皱一池春水。闲引鸳鸯香径里,手挼红杏蕊。"大意是:春来了,微风吹皱了一潭池水,也吹动了我对你思念的心怀;百无聊赖间,我在花间路径的池塘旁,逗着水中成双的鸳鸯,摘下岸边的红杏在手中搓揉,想着你早早来到我的身旁。

君臣二者作词之时,正值后周大举南下侵犯南唐之际,形势窘迫,李璟的词自然会流露出悲哀的情绪。他对冯延巳不露声色地问"'吹皱一池春水',何干卿事?"听起来是开玩笑,实际上话中有话:局势如此波动,你怎么还会

南唐二陵之顺陵

有企盼美好的心境呢？而冯延巳不想在李璟面前表明自己的看法，巧妙地用对方的词句将话题回避了。

　　五代十国时期，南唐经历了三代君王。南京南郊的祖堂山西南麓遗存着南唐二陵，即先主李昪的钦陵和中主李璟的顺陵。二陵相距约100米，沿袭唐制，依山而筑。钦陵规模较大，分前、中、后三间主室，其后室顶部绘有天象图，地面为江河形状地理图。二陵内部均有彩色壁画，具有极高的艺术价值。

# 解铃还须系铃人

金陵清凉泰钦法灯禅师在众日,性豪逸,不事事,众易之,法眼独契重。眼一日问众:"虎项金铃,是谁解得?"众无对,师适至,眼举前语问,师曰:"系者解得。"

——明·瞿汝稷《指月录》

成语"解铃还须系铃人"源自南京古清凉寺,比喻谁惹出来的麻烦,仍须由谁去解决。也有意思相同的用法,即"解铃还仗系铃人""解铃须用系铃人""解铃系铃"等。

据明代瞿汝稷所编佛家禅宗语录《指月录·卷二十三》记载:南唐时金陵清凉寺有一位叫泰钦的禅师,性格豪放,平日里不太守规矩,也不怎么管事,和尚们都瞧不起他,唯独主持法眼禅师对他颇重。有一天,法眼在谈禅说法之余向众和尚提出一个问题:"一只老虎,颈项上系着一个铃铛,谁能把它解下来?"大家思来想去,谁也回答不出。这时碰巧泰钦走了过来,法眼就请他回答。泰钦不假思索,答道:"系铃的人能解下来。"法眼听后非常满意,认为泰钦颇能领悟佛教教义,于是对众人说:"你们不要再小看人家了。"

有了这番问答,法眼禅师对泰钦更加赏识,并让他担任维那师,统摄禅堂威仪。在泰钦禅师的大力协助下，法眼最终开创了法眼宗，清凉寺亦成为法眼宗之祖庭。

随着法眼禅宗的传播，"解铃还须系铃人"这一成语也逐渐广泛流传开来。到了清朝，曹雪芹在《红楼梦》第九十回中还以"心痛还得心药医，解铃还须系铃人"加以引用。

古清凉寺位于城西清凉山上。清凉山素有"六朝胜迹"之称，遗存东吴"驻马坡"、南唐"还阳井"、明代"崇正书院"、清初"扫叶楼"等，近几年，公园新设"龚贤纪念馆""李剑晨艺术馆""魏紫熙艺术馆""兰花专类园"等，使这一"城市中的山林"更增文化色彩。

清凉山公园内的清凉寺，前身是杨吴顺义元年（921）权臣徐温始建的兴教寺。南唐升元元年（937），南唐烈祖李昪辟为避暑离宫，改寺为石头清凉大道场，自此，山名称作清凉山，该道场也成为南唐重要的宗教活动场所。著名僧人文益即法眼禅师（由中主李璟册封）长期居寺内，他创建的法眼宗，是禅宗的五个支派之一。北宋时期，幕府山清凉广惠禅寺迁此，后屡毁屡建。明代重建后改称清凉禅寺，规模甚大，太平天国时期毁于战火，直至清代末年才稍有恢复。现寺庙几经修葺，已恢复宗教活动。

# 成家立业

问:"牛头未见四祖时如何?"师云:"成家立业。"进云:"见四祖时如何?"师云:"立业成家。"

——北宋·李遵勖《天圣广灯录·真州定山惟素山主》

成语"成家立业",意思不言而喻,是建立家庭,创立事业,源自于北宋初法眼宗禅师惟素的语录。

法眼宗系佛教禅宗五家之一,由南唐清凉寺文益法师创立,这在"解铃还须系铃人"一文已作介绍。惟素为法眼宗的第四代禅师,很有名望,《天圣广灯录》《五灯会元》《续传灯录》等历代禅书中均收有他的语录。他的"成家立业""立业成家"之说讲的不是"法眼",而是针对牛头宗初祖法融。

牛头宗系禅宗早期宗派之一,由唐代高僧法融在牛首山创立。据史料载,法融入牛首山后,将达摩一系的禅观思想与般若三论的空观义理相融合,形成了牛头禅佛理。法融乃禅宗四祖道信的门下,道信得知法融入主牛首山,特地前来看望。他俩彼此性合神解,交谈甚欢。道信对法融说,达摩祖师的法衣架裟只可传至一人,而作为四祖的他,已将其付诸五祖弘忍了。

复建中的定山寺

他以为,法融的禅学思想已得到达摩的真传,可以自立门派。这就是法融以后创立的牛头宗。

再回到法眼宗禅师惟素说的那段语录。有惟素的门徒问:"法融见到四祖道信之前,是怎么样的呢?"惟素回答:"成家立业。"其门徒进而又问:"那他见到了道信,又是怎么样的呢?"惟素再答:"立业成家。"这样的回答,体现了法眼宗语句平凡、随缘点化的特点。

惟素当时是浦口定山寺的住持,之所以在《天圣广灯录》中称其为"真州定山惟素山主"是因那时的浦口是在真州(今仪征)的领地内。

定山寺,位于今大顶山狮子岭下。大顶山,原名六合山,因南朝梁武帝请来高僧法定建精舍于此,敕名"定山寺",山名随之更为定山。今之顶山名,当是"定"与"顶"的谐音之讹。

达摩岩

卓锡泉

巧合的是，梁武帝请来的天竺国第二十八代禅师达摩也曾在定山寺驻锡。只不过，达摩是因与梁武帝意见不合"一芦北渡"到此的，他后来成为佛教禅宗的始祖，也使得定山寺的名声大振，成为一代名山古刹。至民国时期，尚有印度、日本僧侣慕名来此朝拜。后寺庙年久失修，遭大雨塌毁。如今在定山寺旧址仍能寻觅到达摩岩、卓锡泉等达摩驻锡的履痕。这一地方现已划入珍珠泉旅游度假区的范围，并正在兴土木，重修定山寺。

# 明清篇

MINGQING

画角吹难 用非所学
绕城暖足

# 小引：大明南京

石头小子：公元1356年，朱元璋率军攻克集庆路（今南京），改集庆路为应天府。"应天"，意思是"上顺天命，下应人心"。

莫愁女孩：公元1368年，朱元璋在应天称帝，改应天为南京，定国号"明"，南京之名始于此。

石头小子：南京第一次成为了全国统一政权的都城。虽说明成祖在1421年迁都北京，但南京作为"南都"依旧商业发达，城市繁盛。这有收藏于国家博物馆的明代绘《南都繁会图卷》为证。

莫愁女孩：清代在这里设"两江总督""江宁织造"，曹雪芹的曾祖父、祖父、父亲曾先后担任"江宁织造"要职。这也成就了曹雪芹著《红楼梦》。南京诞生的文学巨著还有：孔尚任挽歌一曲送"南都"的《桃花扇》、吴敬梓"绕城暖足"在秦淮水亭书写的《儒林外史》等。

金陵成语溯源之旅

# 画角吹难

谯楼画角之曲有三弄,相传为曹子建作。其初弄曰:"为君难,为臣亦难,难又难。"再弄曰:"创业难,守成亦难,难又难。"三弄曰:"起家难,保家亦难,难又难。"

——明·都卬《三馀赘笔》

"画角吹难",是一则励志成语,意思是要想实现抱负,有所成就,就必须时刻自我警醒创业之艰难,需谨言慎行,积极进取。

何为"画角"?其是指一种源自黄帝(或曰源于羌族)的古老乐器,以竹木或皮革制成,形如竹筒,外加彩绘。根据《明会典·工部五·仪仗四》记载,画角作为明朝皇家仪仗的乐器,系木质,黑漆戗金,分三节描花,上节为宝相花,中节为缠生单龙云文,下节饰以八宝双海马。因画角的角身戗金绘龙纹,亦称"金龙画角"。

"吹难",则指伴随着凄厉高亢、苍凉沙哑的"画角"之音,唱和《角三弄》。所谓《角三弄》,就是引文中的"为君难,为臣亦难,难又难;创业难,守成亦难,难又难;起家难,保家亦难,难又难。"

话说明太祖朱元璋定都南京后,既感慨于自己从一介草根贫农白手起家,打下江山之不易,又忧心于百废待兴、政权巩固尚需时日,故为安抚民众,采取了"道德教化"的措施,又为激励自己和文武百官不忘初心、居安思危,拿出了"画角吹难"的办法。

黄昏时分,朱元璋令人在大街小巷一边敲击木铎(古代一种以木为舌的响器,专门用来巡行振鸣,宣传政教法令),一边高呼:"孝顺父母,恭敬长上。和睦乡里,教训子孙。各安生里,毋作非为。"待到了官衙"点卯"之前的五更(凌晨四点左右)时分,他则让人在谯楼(古代城门上建造的用以登高望远的建筑)上吹响画角,唱和《角三弄》。

《角三弄》仅九句词,却累计了12个"难"字,是明太祖为传导压力,克难兴邦,将"难"字反复加以咏叹。

明史有一则趣闻可窥朱元璋求真务实的施政风格:刑部主事茹太素有篇奏章,洋洋洒洒写了一万六千五百字。朱元璋叫大臣念给他听,大臣念到六千三百七十字,尚未进入正文,还是"之乎者也"的废话,朱元璋听着听着,耳朵都起了老茧。次日,大臣继续念奏章,朱元璋耐心听完奏章,才搞清楚其中是讲了五件事。而这五件事,只用了区区五百零几个字来表述。朱元璋龙颜大怒,狠狠训了茹太素一顿。事后,他又觉得茹太素虽啰里啰唆,但其中有四件事是可行的,便令中书都府执行,还褒奖了茹太素。

试想,朱元璋连这么冗长的奏章都能听得下去,确实已具有了"画角吹难"的进取之心。

伏龟楼遗存

# 用非所学

比到京师,而除官多以貌选,所学或非其所用,所用或非其所学。

——清·张廷玉等《明史·叶伯巨传》

这段话摘自平遥县训导叶伯巨上书皇帝的奏章,引出了成语"用非所学"。"所学或非其所用,所用或非其所学",即"用非所学",学用不一致,亦是当下常有的现象。

话说洪武九年(1376),明太祖朱元璋在宫中见有流星越过南京城,以为不祥之兆,于是"诏求直言"。叶伯巨是位忠心耿耿的清官,于是应诏上书。他在奏疏中指出了明太祖的"太过者三",即"分封太侈也,用刑太繁也,求治太速也"。他直言当朝用人选拔制度极为错误,写道:比如说士子到京城来求职,考官除了以貌选人外,往往不用他人所长,而是"用非所学",这样的用人方式实在不可取。他还进一步阐明道:古代的士子以升官为荣耀,以被罢免为耻辱。现在是什么情况呢?现在的士子是以隐居起来、默默无闻为福气,是以不做官为幸事。明太祖不是口口声声要网络天下的士子来治国吗?这恐怕要比抓捕重犯还要难吧。

明太祖朱元璋虽然要求众臣直言,实际上是最听不得反对意见的,尤其是叶伯巨批评的

午朝门及明故宫遗址的石柱础等

"太过者三",以及"用非所学",刺到了他的痛处。他十分恼怒,在朝堂上叫骂:"这小子是要间离我们骨肉。快把他抓来,我要当场射杀他。"于是官兵火速行动,很快将叶伯巨抓捕到了南京。大臣中有善于逢迎拍马的,也有具有良知的,都以为让明太祖亲手射杀"这小子",有失皇帝尊严。他们乘皇帝心情好时,请求让刑部来治叶伯巨所犯之罪。叶伯巨虽没有被朱元璋当场射杀,但结局更惨,是在大狱中受尽折磨活活饿死的。

这里得补充一下朱元璋登基的南京宫城。这座宫城于至正二十七年(1367)落成,同年十二月,朱元璋移居新宫称帝。宫城,又称大内,位于钟山西南麓,南北长五华里,东西宽四华里,在今大光路以北、金星桥以南、逸仙桥以东、中山门以西的范围,规模相当之大。据《明史·地理志》载:"内为宫城,亦曰紫禁城。门六:正南曰午门,左曰左掖,右曰右掖,东曰东安,西曰西安,北曰北安。"

紫禁城的午门,俗称午朝门,又称"五凤楼",是宫城的正南门。午门外有承天门和外五龙桥。承天门相当于北京的天安门。外五龙桥则为皇城前护城河的桥。午门内有内五龙桥,过桥向北为奉天门。奉天门内则是奉天、华盖、谨身三大殿,都在皇宫的中轴线上,相当于北京故宫的太和、中和、保和三大殿。这里就是所谓的"前朝"。谨身殿以北,是皇帝及后妃日常起居的"后廷"了,想来朱元璋是在"后廷"看到有流星从天上划过,又在"前朝""诏求直言",且容不得"用非所学"的谏言叫骂要射杀叶伯巨的吧。

如今的南京明故宫遗址公园,就是当年宫城旧址的一部分,现仅存残缺的午门、东华门遗址以及散落在遗址公园内众多的石柱础了。不过到了北京游览故宫,仍然可以想象当年南京宫城的风采。这是因为北京的故宫,基本上是仿照南京明故宫建造的。当年北京故宫的建设可谓是"学是所用""用是所学"了吧。

# 绕城暖足

乘月出城南门,绕城堞行数十里,歌吟啸呼,相与应和。逮明,入水西门,各大笑散去,夜夜如是,谓之"暖足"。

——清·程晋芳《勉行堂文集》

清朝学者程晋芳著有《勉行堂文集》,其卷六录有《文木先生传》一文。"绕城暖足"的故事便源于此。文木先生,即吴敬梓,也称"秦淮寓客",《儒林外史》为其所著,使之成为我国文学史上著名的批判现实主义作家。

吴敬梓写《儒林外史》落笔有神之际,常会熬到深夜。每年冬季,屋里无火取暖,寒冷难耐。为驱除寒意,吴敬梓每晚都会邀来三朋四友,乘着月色,步行出城南门,绕着城墙行走。一路上大伙吟诗作对,你唱我和,直至次日曙光乍现,走进水西门后,方才尽兴而归。由于走了几十里路,全身很暖和,吴敬梓幽默地称夜间之行为"暖足"。

"绕城暖足"的故事寓意是:人生或有起落,但绝对不能因为物质上没有得到满足,便彻底丧失对未来生活的信心。只要秉持精神诉求,人生便自有精彩。

吴敬梓,字敏轩,号粒民,出身名门,即《儒林外史》中"一门三鼎甲,四代六尚书"的原型,不但自小受到良好教育,而且也有机会耳濡目染官场内幕。他性格豪爽、"遇贫即施",却并不善于持家。在他22岁的时候,父亲去世,家道亦随之败落。没过几年,吴敬梓便把祖宗留下来的万贯家财使了个精光。

雍正十一年(1733),吴敬梓举家移居南京,并购置位于桃叶古渡北侧的秦淮水亭作长居之所。在南京,吴敬梓的生活视野变得更为开阔,但接触面越宽,越感世态炎凉。由于没什么收入来源,吴敬梓全靠典当衣物、卖文或者朋友接济为生。程晋芳曾赋诗一首形容他的落魄:"囊无一钱守,腹作千雷鸣""近闻典衣尽,灶突无烟青"。边缘化的生活并没有使之被压垮,"绕城暖足"体现出吴敬梓积极向上的生活态度。他奋笔疾书,终于在四十九岁那年完成了《儒林外史》这部长篇巨著,此乃吴敬梓传奇跌宕人生阅历的最终结晶。

秦淮水亭"绕城暖足"典故雕塑

20世纪90年代,南京在秦淮河与清溪河交界处复建了秦淮水亭,内辟东水艺苑艺术馆。秦淮水亭东侧建有"木文亭";西侧东水关公园内则设"绕城暖足"典故的雕塑。

# 蛛网尘封

记得当时心醉处,蛛网尘封。
——清·袁枚《随园诗话补遗》

成语"蛛网尘封",源于袁枚《随园诗话补遗》所录白下秀才司马章的作品——《辛亥记游·浪淘沙》。该词全文为:"春到凤城中,游运方通。闲来指点过桥东,记得当时心醉处,蛛网尘封。人去翠楼空,聚散匆匆。今年花似旧时容。可惜如花人已去,欲折谁同?"

很明显,这首词应该是司马章在南京闲逛时的应景之作:秀才游兴方酣,恰巧逛到与昔日情人相聚的场所,然而物是人非,心中凄楚之感顿生。词中所提"凤城",南京虽无此别称,但编者认为凡"和美"之地皆可称其为"凤城"。成语"蛛网尘封",本意为居室、器物等为蛛网、灰尘所覆,寓意事物长期搁置,无人问津。

袁枚(1716-1798),清代诗人兼诗论家,世称随园先生。此公活跃诗坛60余年,极力倡导"性灵说",即强调诗歌创作要直接抒发诗人的心灵,表达真情实感。《随园诗话》及《补遗》乃袁公主要诗论著作,对历代诗人作品、流派演变及清代诗坛多有评述,他认为"诗者,由情生者也。有必不可解之情,而后有必不可朽之诗"。

金陵成语溯源之旅

**乌龙潭公园**

"性灵说"将能否抒发真情实感作为评价诗歌优劣的标准,打破了传统的轻视民间文学的偏见,大大提高了通俗文学的地位。在袁枚看来,不论是官僚弄臣还是布衣百姓,只要能咏得真性情便是好作品。正因如此,袁枚在《随园诗话》及《补遗》中记录了大量普通人的创作。

袁枚在南京留有许多印记。

袁枚之所以世称"随园先生",是颇有些来历的。随园,其址位于金陵小仓山(即五台山)一带,范围很大。今南京广州路西侧的"随家仓"便是取随园和小仓山之名复合而成。乌龙潭公园也应为随园之西隅。"随园"原为曹頫(曹雪芹之父)所建,雍正五年(1727年),曹家获罪被抄,内务府郎中隋赫德获得曹家产业,但不久也遭抄家。乾隆十三年（1748年）袁枚辞官后购得此园，筑室小仓山隋氏废园。由于该庭院构筑得精心且随意，袁枚索性将其改称"随园"，因此，随园与《红楼梦》也就颇有渊源。袁枚曾说："雪芹撰《红楼梦》一部，备记风月繁华之盛，中有所谓大观园者，即余之随园也。"现在乌龙潭立有曹雪芹塑像以纪念之。

随园成就了《随园诗话》，也成就了《随园食单》。《随园食单》记述了14-18世纪流行的南北菜肴饭点、美酒名茶，其中还不乏食物疗法。1979年，日本东京岩波书店将其译成日文出版，大获成功。可见，袁枚还是著名的美食家。

南京的阳山碑材景区也留有袁枚的诗作。今景区入口处书有袁枚《洪武大石碑歌》，中有"碑如长剑青天倚，十万骆驼拉不起。"足可见，阳山碑材的气势是何等雄伟。阳山上至今还遗存袁枚之妹袁机墓。袁枚为亡妹写有《祭妹文》，是文学史上哀祭散文的珍品，与韩愈《祭十二郎文》、欧阳修《泷冈阡稿》并为我国祭文"鼎足而立"的三大名篇。有兄如此，阳山袁机九泉之下亦当瞑目了。

# 后记
HOUJI

《金陵成语溯源之旅》，是继《南京神话传说之旅》后第二册文化旅游口袋书。编撰这本小册子，是有一定基础的。我在十年前就写过一篇《开发南京成语源》的文章（收入散文集《秋潺》），建议建立"南京成语源"资料库，期许将其与城市景观构建、景区景点开发相结合。2009年，我又和季宁合作编写了《金陵成语之旅》小册子，尽管仅为业内宣传交流资料，并未正式出版，但反响相当不错，《新民晚报》《扬子晚报》等均对此作了长篇报道。本书就是以此为蓝本，重新布局谋篇的。

成语，乃汉语词汇宝库中的精华。成语的源头，来自历史故事、神话寓言、佛经、俗语、谚语、古诗文等。南京为六朝古都，历史遗存十分丰厚，其中闪烁着丰富多彩的成语。随着"文化南京"系统工程的深入，南京"出生"的成语越来越受到青睐。南京出版社曾先后出版《金陵成语故事》（2008年版）、《南京成语故事（汉英对照手绘本）》（2013年版）、《南京历代成语》（2017年版）等。2009年江苏人民出版社出版的《南京百科全书》还专设了"成语典故"栏目。

那么作为旅游人，如何讲好南京成语故事呢？

我们以为，首先是"溯源"。只有找准成语的源头，才能确保它的"祖籍"或"出生"是在南京，才能讲好南京的故事。实际上，我和合作者季宁对如何"溯源"有过争论。例如，有一则"卧榻之侧岂容他人鼾睡"的成语，合作者坚持要将其收入其中，因其讲的是南京故事，且《金陵成语故事》等版本均有此成语。而我始终认为，这则成语虽针对的是南京，但为当年宋太祖赵匡胤在汴京（今开封）所言，不足以取。又如，我以为"不越雷池一步"是南京"出生"的经典成语，而合作者对此提出疑义，出于理解和尊重对方的意见，也就割爱了。好在所编撰的小册子篇幅有限，而可供选择的"南京成语"有足够大的空间。

我们又以为，"之旅"是本书的特色，亦是与其他成语书籍的大不同。尤其是出自历史典故的成语，其中有不少能找到大致的地理方位，就着力去捕捉，加以说明，以便读者在游览中对照。例如，成语"行不由西州路"，是发生在东晋时期的故事。那么，西州路或西州门是在哪里呢？查阅东晋建康城的资料，未找到这样的地名。再仔细搜索，觅得城西确有西州城，是在今清凉山附近的望仙桥一带。又如，成语"三山二水"，源于李白的诗《登金陵凤凰台》，其中的"三山"无疑义，是城西南的三山矶。而"二水"中分的"白鹭洲"，通常人们误认为是夫子庙地区的白鹭洲，其实不然，经反复核实，这个"白鹭洲"应是原江东乡政府驻地附近的白鹭村。而今，村名尚存，面貌全新。我们在书中建议将"三山二水白鹭洲"刻碑立于此，以供游人观赏。

本书编撰的"成语"，未采纳以拼音字母排序的体例结构，也没按"引文"出刊时间顺序排列，而是将成语发生的故事依历史朝代排序，以便读者通过成语更好地了解南京历史。我们在编写过程中，还发现一个有趣的现象，就是多则成语会发生在一两位历史名人身上。比较典型的是东晋王导、王敦家族的成语故事。我们从"江左夷吾"到"伯仁由我而死"，一共收集了有关他们的成语多达12则，串联在一起，宛如一部电视连续剧，很有意思。作出这样的尝试，也是我们的一项创新。

本书编撰的参考资料，除了南京出版社出版的几版"南京成语故事"及《南京百科全书》外，还有《中国成语大辞典》（上海辞书出版社出版）、《南京地名源》（江苏科技出版社出版）、《金陵胜迹大全》（南京出版社出版）、《南京历代风华》（南京出版社出版）、《爱，是屋顶上的蓝：南京旅游全景手册》（上海文化出版社出版）等，在这里，谨向以上读物的作者们致敬。同时要感谢"南京博澜艺术设计有限公司"的精心装帧、东南大学出版社张丽萍老师的认真指导，以及方方面面对我们编写工作的支持。期许大家阅后多提意见，以便在今后的写作中改进。

邢定康 2018.6.8

**南京市旅游委员会 南京旅游学会**
**《南京旅游文化故事丛书》编委会**
主　任：金卫东　黄震方
编　委：夏　军　黄　琴　吴　震　邢定康
　　　　张　贤　唐　勇　侯国林　季　宁
编　著：邢定康　季　宁